Max Christian Graeff

Vokabeln der Lust

Deutscher Taschenbuch Verlag

Von Max Christian Graeff sind
im Deutschen Taschenbuch Verlag erschienen:
Der verbotene Eros (20274)
Ex! Was die Nation erregte
(36115, gemeinsam mit Cristina Moles Kaupp)
In 80 Töpfen um die Welt
(36198, gemeinsam mit Ina Lessing)

Ein Projekt der Edition diá, Berlin
www.editiondia.de

Originalausgabe
September 2001

www.dtv.de

Umschlagkonzept: Balk & Brumshagen
Umschlaggestaltung unter Verwendung des Gemäldes ›Nackte Maya‹
(um 1798–1805) von Francisco José de Goya
Gestaltung, Vignetten und Satz: Rainer Zenz, Berlin
Gesetzt aus der Sabon
Druck und Bindung: Druckerei C. H. Beck, Nördlingen
Gedruckt auf säurefreiem, chlorfrei gebleichtem Papier
Printed in Germany · ISBN 3-423-20446-X

Vorweg …

»Darüber spricht man nicht«, so hieß es noch vor nicht langer Zeit oftmals, wenn es um das Thema ging, das die Menschen verbindet wie kein anderes: um Sex, Lust und Begehren. Immer wieder gab es während der letzten Jahrhunderte Phasen, in denen der verbale Austausch über diese Zustände verpönt und sogar untersagt war, weil er gegen irgendwelche guten Sitten verstieß. Gesprochen und geschrieben wurde dennoch darüber, in einer unvergleichlichen Vielfalt an Formen, Worten und Fantasien. Jede Generation brachte neue Ausdrücke, Modewörter und verbale wie körperliche Vorlieben ins Spiel; unzählige davon verschwanden wieder aus dem zeitgemäßen Gebrauch, doch manche blieben bis heute erhalten. Die Vokabulare der Sexualgeschichte künden von der Unberechenbarkeit des Themas zwischen Lust und Scham, zwischen Offenherzigkeit und vorgehaltener Hand. Für viele Phänomene, Dinge und Zustände gibt es bis heute keine festgelegten, definitiven Bezeichnungen.

Restlos alles, was über das gesagt werden kann, »worüber man nicht spricht« oder besser »nicht zu sprechen weiß«, ist schon gesagt worden, doch täglich ist es uns neu. Wir sind uns selbst und unserer Sprache nicht mehr sicher, sobald die Lust den Raum des Bewusstseins betritt. Auch darum ist das Thema so angreifbar, unfrei, problembeladen und steht in solch unverminderter Spannung mit der gesellschaftlichen und moralischen Gegenwart. Bei aller Aufklärung unserer modernen Zeit ist die körperliche Liebe auch heute noch, wie Guillaume Apollinaire es 1910 formulierte, »die Statue eines nackten und kränkelnden Gottes mit entspanntem Bogen, ein schändlicher Gegenstand der Neugier, ein Thema für medizinische und retrospektive Beobachtung«.

An alledem wird sich demnächst wohl kaum etwas ändern, auch wenn in den letzten hundert Jahren eine ganze Reihe revolutionärer Umwälzungen unsere Sexualität zuweilen gründlich auf den Kopf zu stellen vermochte. Die verschiedenen Stufen der Emanzipation, der Kommunismus und Sozialismus, die neuen Arbeitswelten, Kriege und Frieden, die Akzeptanz weiblicher und männlicher Homosexualität, die rasante Entwicklung der Massenmedien und letztlich deren Elektronisierung – jede historische Begebenheit hinterließ ihre Spuren auch in dem, was man Erotik nennt. Behauptet hat sich trotz allem bisher das Buch als eines der Objekte, die sich jenseits des lebenden Körpers im Zentrum der Lust befinden. Man könnte meinen, das Wort »Leben« sei zusammengesetzt aus »Lieben« und »Lesen« ... Seit einigen Jahren wirkt jedoch ein neues Medium deutlich auf unsere themenbezogenen Wahrnehmungen ein: Das Internet lebt sozusagen von der Sexualität, ohne jene und ihre pornografischen Äußerungen wäre es wirtschaftlich längst schon wieder in sich zusammengefallen. Zwar spielt hier das Bild eindeutig die Hauptrolle, doch sind ebenso im sprachlichen Bereich die Folgen der Entwicklung noch kaum absehbar. Wie auch immer, ob analog oder digital: »Es sind die Wörter, die Liebe machen«, sagt der Psychoanalytiker J.B. Pontalis, und Witold Gombrowicz schreibt: »Es gibt kein Wort, das nicht Körper wäre.«

Einer Handvoll solcher Wörter versucht dieses Buch durch kurze Einblicke in ihre Bedeutung, Geschichte und Anwendung auf die Schliche zu kommen. Es will keinesfalls ein Lexikon sein, welches den Lesern erklären kann, was ein eingesprungener Cunnilingus ist oder wie man die Impotenz besiegt. Ebenso wenig ist es eine Bettlektüre aus dem Bereich der → Einhandliteratur. Jeder Versuch einer Vollständigkeit wäre vergebens, denn dann wäre es nicht nur einen ganzen Regalmeter stark, sondern bereits beim Druck ungültig. Auch Wertungen zu formulieren überlässt es anderen Medien. Lieber wählt es nach undurchsichtigem System ein paar Begriffe verschiedenster Couleur aus, um so den Leser neugierig werden zu lassen auf den tieferen Hintergrund all jener Begriffe, die ihm in seinem eigenen Leben über den Weg laufen. Apropos Leser: Tatsächlich hat dies Buch, wie die meisten Texte sexueller Thematik, ein gewisses Problem. Jahrhundertelang war die erotische Kultur eine Domäne der Männer und auch heute hat die Sprache die gesellschaftlichen, philosophischen und sozialen Veränderungen noch nicht eingeholt. Die meisten Vokabeln dieser kleinen Sammlung folgen dem alten Ungleichgewicht zwischen Mann und Frau. Dies lässt sich für eine andere Zukunft umso schneller nur ändern, je lustvoller jeder Einzelne sich mit den Eigenarten seiner Sprache auseinander setzt, auch wenn – und vor allem, weil – die zunehmende Geschwindigkeit der Kommunikation unseren Wortschatz immer breiter und flacher werden lässt.

Beachten wir die Worte, beobachten wir sie. Bei allem Erstaunen oder gar Erschrecken ist es ein wahres Vergnügen, eine Lust. Denn, wie schon Connie Francis sang,

»die Sprache ist ein seltsames Spiel, sie kommt und geht von einem zum andern. Sie nimmt uns alles, doch sie gibt auch viel zu viel – die Sprache ist ein seltsames Spiel ...«

Abstinenz

Es ist nicht so, liebe Leserinnen und Leser, dass Ihr möglicherweise erstaunter Blick angesichts dieses ersten Stichwortes unerwartet käme. Die »Abstinenz«, Enthaltsamkeit, als Eröffnung eines Buches über die Wörter der Lust und die Lust der Wörter vermag Ihre Erwartungen vielleicht ein wenig zu dämpfen oder gar zu unterwandern, aber welcher Begriff hätte andernfalls diese Pole-Position besetzen sollen? Die Abart, die Aberration, die A-Bombe, der Abgang oder der Ablass? Gar das Abnorme, der Abortus oder die Absteige? Vielleicht noch das infantile »Aa« mit Verweis auf Kaviar? Allein das »Abenteuer« hätte eine Chance gehabt, doch ein solches ist auch die »Abstinenz«. Im Zusammenhang mit der Anti-Alkohol-Bewegung hat sich der Begriff erst mit der Mitte des 19. Jahrhunderts im Sprachgebrauch eingenistet. Aus den lateinischen Wörtern *ab* (weg) und *tenere* (halten, festhalten) gebildet, steht er jedoch eigentlich vorrangig für die meist lebensbestimmende Unterlassung natürlichster sexueller Handlungen eines jeden Menschen. Es gab und gibt wohl kaum eine menschliche Gesellschaftsform, in der sexuelle Abstinenz nicht einen hohen, meist kultisch-religiös oder moralisch bestimmten Stellenwert besitzt. Entsprechend vielfältig sind ihre Formen. Im Zentrum steht die Überlegung, durch Einschränkung und Versagung sexueller Freude alle Kraft und Konzentration auf andere Bereiche des Lebens zu lenken und jenes gar durch diese spezielle Enthaltsamkeit zu verlängern. Sieht man von zölibatären Entsagungen ab, stechen vor allem Sportler hervor, deren antilibidinöse Lebensführung man zutreffender als »Askese« bezeichnet, das griechische Wort für Übung. Es ist noch nicht lange her, dass man auch bei uns den alten Spruch »Der Sieg gehört dem Keuschesten« endlich dem Museum der menschlichen Irrwege überantwortete. Die »Keuschheit« an sich sei an dieser Stelle nicht weiter erläutert, denn mit der Beschreibung ihrer Ausformungen und Beschwörungen lassen sich voluminöse Bücher füllen. Kaum ein Begriff führt besser vor Augen, wie sehr wir noch heute in den Netzen aus Brauchtum, Glauben und Mystik verheddert sind – und dies zugleich durchaus strotzend vor purer Lust und abgrundtiefer Geilheit! Denn gelten sämtliche geschlechtlichen Zusammenhänge außerhalb des nachwuchsorientierten Ehelebens in den modernen Gesellschaften immer noch als unzüchtig und unrein, so muss man auch sehen, dass schon in der Vorstellung der Überschreitung und Zerstörung vieler Hindernisse, Verbote und Tabus ungeahnte Lust verborgen ist.

Neben all dem gedeihen die profanen Alltagsformen der Abstinenz überall dort, wo eine Privatsphäre fehlt, wie in Krankenhäusern, Kasernen, Schulen, aber mitunter auch in der Familie. Ferner gehört die voreheliche Enthaltsamkeit noch immer zum moralischen, als natürlich empfundenen Alltag, der seit jeher einen ganzen Reigen abstinenzbedingter Krankheiten wie die schmerzhaften Bräutigamshoden als unvermeidlich akzeptiert.

In welcher Form auch immer – ob erzwungen oder sozusagen frei gewählt: Die sexuelle Abstinenz ist neben dem Tod das größte Opfer, das die Menschheit ihrem Glauben an etwas Höheres zu bieten hat. Und als solches ist sie nicht etwas Passives, sondern durchaus aktiv.

Achtundsechziger

Der Achtundsechziger gilt im heutigen Sprachgebrauch verallgemeinert als der immer wieder heftig wie lächelnd diskutierte Teilhaber oder Akteur der so genannten sexuellen Revolution, der sich seither entweder als unglückliches Phantom in Vollmondnächten durch die europäische Nachkriegsgeschichte jammert oder nach dem Marsch durch die Institutionen in politischen und industriellen Führungsebenen von wilden alten Zeiten erzählt. Die aktiven Achtundsechziger haben sich derweil zum großen Teil aus dem öffentlichen Leben in diverse Wohlfühltrendbehausungen zurückgezogen und kümmern sich wahlweise um die soziale Akzeptanz der Alterssexualität, die therapeutische Aufarbeitung von Spätschäden antiautoritärer Erziehung ihrer Nachkommen oder wohngruppendynamische Balsamessigverkostungen. Keinesfalls abzusprechen sind ihnen ihre tatsächlichen Verdienste, unvergängliche Zeichen und Signale von Pazifismus und Popkultur hinterlassen zu haben. Parolen wie »Make love, not war!« – oder wie man in Köln sagt: »Poppe statt kloppe!« – sind aus dem gesellschaftlichen Sprüche-Fundus nicht mehr wegzudenken. Nicht zu verwechseln ist der Achtundsechziger mit der Neunundsechziger, die seit Menschengedenken eine ungleich reizvollere Position im Sexualleben besetzt.

Amateur

Die Prostitution als Preisgabe des Körpers für sexuelle Zwecke im Tausch gegen Sachwerte ist, wie man sagt, das älteste Gewerbe der Welt. Als Institution weit älter als die Ehe, begleitet sie die Geschichte der Zivilisation; in ihren Formen spiegelt sich Zustand und Wandel gesellschaftlicher und moralischer Ordnung. Bevor sie im 15. Jahrhundert im Zuge der durch Europa rasenden Syphilisepidemie und der damit einhergehenden Schließung der organisierten städtischen Bordellbetriebe in den Untergrund und damit in die Liaison mit dem Verbrechen getrieben wurde, galt sie als legitimes, durch Städte und Fürsten, Kirche und Päpste betriebenes Gewerbe. Im 17. Jahrhundert entwickelte sich langsam ein neues Berufsprofil, das zwei Seiten klar voneinander trennte: die der armen Straßenprostitution und die der reichen, höfischen Liebedienerei durch Kurtisanen und Mätressen. Die Moderne diversifizierte das Angebot in alle sexuellen Richtungen; kaum ein Beruf hat ein so reiches Spektrum an Facharbeitern und Spezialisten. Auf dieser fruchtbaren Basis gedieh die heute so überreiche pornografische Medienlandschaft auf das Beste.

In den achtziger Jahren gab es endlich wieder eine wahre Neuerung auf dem Markt der erotischen Kategorien: Wie eine Bombe platzte der Amateur, der eben nicht professionelle Darsteller, in die professionelle pornografische Welt. Zwar hatte die von gewerblichen Zwecken unabhängige öffentliche Abbildung und Darstellung körperlicher Erregung immer schon eine gewisse Rolle gespielt, doch im neu durchstrukturierten Markt wuchs nun im Wechselspiel mit gesellschaftlicher Vereinsamung und Abschottung des privaten Lebens die Lust am Alltagsvoyeurismus, an Einblicken in die Intimitäten des Nachbarn, am Nachempfinden einer verloren gegangenen Unbefangenheit, einer Normalität. Vielleicht war es auch ein Überdruss am industriell vermarkteten Professionellen, an der offensichtlichen Künstlichkeit allen Geschehens.

Der Amateur hingegen, dessen sich rasch ausbreitendes Terrain durch die aufklärerischen Tendenzen in den Massenmedien der Nachkriegszeit bestens vorbereitet war, lieferte als einziges Produkt- und Funktionsversprechen, nicht besser zu sein als der Verbraucher, der Zuschauer selbst. Er zeichnete sich nicht durch die auf trainierte Hochleistung, übernatürliche Begabung und technischen Effekt beruhende Souveränität der Profis aus, sondern durch die Unvollkommenheit seines Körpers, durch die eher durchschnittliche Standhaftigkeit und hausbackene Echtheit seiner Obsessionen. Seine Etablierung wurde technisch unterstützt durch die Entstehung großer Fotolabors, in denen man mit einer gewissen Anonymisierung der selbst gefertigten Bilder und Super-8-Filme rechnen konnte. Und als um 1965 die Polaroid-Sofortbildkamera ihren Siegeszug um die Welt antrat, verschwand die letzte Befürchtung, der Fotohändler könne einem die fertigen Bilder mit frechem Grinsen auf der Theke zur Begutachtung ausbreiten. Diese Entwicklung in die mediale Anonymität förderte erstaunlicherweise die rasche Verbreitung jener Amateurhaftigkeit; auch die dadurch aufkommende Bewegung der → Swinger leistete ihren Beitrag dazu.

Es entstand eines der größten Missverständnisse im pornografischen Trendwörtergebrauch; das Nicht-Professionelle, Anfällige, Unzuverlässige wurde zum Qualitätsversprechen. Der Profi-Amateur wurde zum Vorreiter von Zladko, Sabrina, Alex und all den anderen popkulturell dilettierenden Containerstars heutiger Retorten-Realität.

Aphrodisiakum

Schon vom ersten Moment an, da der Mensch sich als ein solcher betrachtete, strebte er danach, sich selbst zu erhöhen. Der Wunsch nach einer gewissen Übermenschlichkeit steckt uns tief in den Knochen angesichts der Erkenntnis der Endlichkeit von Zeit und Raum, besonders aber der allgemeinen wie auch sexuellen Leistungsfähigkeit. Dem Wunsch, mehr erleben zu wollen als den rein zielorientierten Zeugungsakt, entsprang schon früh der Gedanke, dass der Körper manipulierbar sei. Nicht nur etwaige Fehl- oder Unterfunktionen sollten durch allerlei geistige, chemische und physikalische Eingriffe gesteigert werden, sondern auch die allgemeine Durchschnittsleistung sollte sich so erhöhen.

Die griechische Göttin der Liebe hieß Aphrodite und es lag nah, die dem Körper zuzuführenden Stoffe und Mittelchen zur Steigerung der Potenz, Lust und Erlebnisfähigkeit nach ihr zu benennen. Die Aphrodisiaka, äußerlich und innerlich anzuwenden, bewirken – sofern überhaupt von einer Wirkung die Rede sein kann – in der Regel eine anregende Steigerung der Durchblutung, was auch immer an weiteren Resultaten behauptet wird. Am geläufigsten, aber auch am langweiligsten erscheinen die laut Volksmund luststeigernden pflanzlichen Lebensmittel: Ingwer, Sellerie, Auberginen, Möhren, Feldsalat, Tomaten, Paprika und Chili; jedes Pflänzchen wirkt angeblich anders, steigert aber das allgemeine Wohlbefinden und somit den Glauben des Verkostenden an sich selbst. Jede direkte Wirkung auf die Körperteile ist leider wohl nichts als Legende, wenn auch eine »köstliche«. Eine Ausnahme stellt der eingedickte Milchsaft des Lattichs dar, der Urform des Kopfsalates; dieses Zaubermittel, ein morphinähnliches Alkaloid, rauchte man früher in der Pfeife.

Doch nicht nur Pflanzen werden zur erhofften Stärkung der Libido benutzt; manch spektakuläre Auftritte haben die tierischen Stoffe, vor allem getrocknete, geschrotete, gehackte, gerebelte, gespleißte und pulverisierte Geschlechtsteile aller Art. Verwendet wurden in unseren Breiten bis in das 19. Jahrhundert und andernorts bis heute Penisse, Gebärmütter und Hoden von Affen, Hähnen, Delfinen, Schweinen, Rhinozerossen, Kühen, Rindern und, sehr beliebt, von Hirschen. Auf dem ersten Platz steht stolz der legendäre Tigerpenis, wobei man dies nicht sofort begreifen mag: Der Tiger ist bekannt für ein feuriges Liebesspiel von ganzen 15 Sekunden Dauer! Der Hauptmarkt für diese Leckereien ist wohl in Fernost zu finden.

Noch 1995 lieferte Kanada jährlich 50 000 Seehundkörper nach China. Dort werden die Geschlechtsteile zu weitaus höheren Preisen angeboten als der ganze Rest des Körpers. Des Weiteren gehören in die Regale eines jeden guten Apothekers: schwarze Ameisen, allerlei Insekten (unter anderem die → Spanische Fliege), Reptilien, Schlangenblut, Schakal- und Bärengalle sowieso Gallensteine jeglicher Art, Kamelhöckerfett, Emu-Eierschalenpulver und vergorene Blutegel. Es gibt wenig auf diesem Planeten, das nicht schon irgendwer irgendwo zur Potenzsteigerung genutzt hat oder noch nutzt.

Eines der beliebtesten Aphrodisiaka ist das pulverisierte Horn des Rhinozeros, was diese netten Tiere in den letzten Jahren fast aussterben ließ. Dabei ist es vergebens: Das Horn ist kein eigentliches Horn, kein Teil des Skelettes, sondern ein besonders stark verdichteter Hautteil und besteht aus Keratin, dem schwefelhaltigen Eiweißstoff, aus dem nahezu alle Nägel, Krallen, Hufe, Schuppen, Haare, Federn, Hörner und Schnäbel der Wirbeltiere aufgebaut sind. Warum sich also ausgerechnet an den Nashörnern vergreifen wegen einem kleinen Stückchen Haut? Es lohnt sich wirklich nicht, denn exakt dasselbe Aphrodisiakum, hierzulande ein Abfallprodukt der Schlachthäuser, finden wir in jedem guten Gartencenter: als Rasendünger.

Atombusen

Das Atom als kleinste Einheit eines chemischen Elementes ist seit seiner Entdeckung für jede sprachliche und sinnliche Verwirrung gut. In der fröhlich-naiven Wunderwelt der fünfziger Jahre stand es für alles, was unser Dasein vermeintlich zu fördern vermochte: für Überfluss, Zuverlässigkeit und Durchschlagskraft, Macht und Unangreifbarkeit – und für das höchste der Gefühle, puren definitiven Sex. Stigmatisierende Aspekte wie die Gefahren der Entsorgung und Kontaminierung lagen fern und die verbrannte Erde von Hiroshima und Nagasaki konnte den Segen der nuklearen Kraft nicht schmälern.

Verbunden mit dem amerikanischen *way of life* und der Theorie, dass die weibliche Oberweite zunimmt, je konservativer die Epoche sich gestaltet, war zuvor im ausgehungerten und demoralisierten Nachkriegsdeutschland eine wahre *mammary madness* unter den Kriegsheimkehrern ausgebrochen, die jedes bisherige Rubensmodell magersüchtig erscheinen ließ. Und eine weitere wesentliche Erfindung förderte dieses Phänomen enorm: Am 1. Juli 1946 hatten die Vereinigten Staaten begonnen über dem Bikini-Atoll der nördlichen Marshall-Inseln Atomversuche durchzuführen.

Nur fünf Tage später, inmitten der weltweiten Berichterstattung über das pazifische Spektakel, ließ der Pariser Modeschöpfer Louis Réard eine andere, nicht minder wirkungsvolle Bombe platzen. Er präsentierte den zweiteiligen, äußerst sparsam geschnittenen Badeanzug für die moderne Frau: den Bikini. Derart ausgestellt, wurde das nur biologisch sekundäre weibliche Geschlechtsmerkmal in Form des Atombusens zum Heilsversprechen für die durch die neuen Kommunikationstechnologien in einen medialen Rausch verfallene Männerwelt; ein ultimativer Gigantismus moderner Monstertitten, Megamöpse, Euter und Balloons brach sich Bahn. Das Atom, das kleinste Teil, stand plötzlich für die größten Dinger, und je knapper deren Hülle war, desto explosiver traten sie hervor. Selbst die klassische *Bombe glacée*, jene Speiseeishalbkugel mit einer kandierten Kirsche auf der Spitze, wurde zum Synonym für das neue Bild der Sexbombe, und doch war all dies manchmal nur der schöne Schein. Immer öfter wurde die Busenspalte zum Silicon Valley, und wie in jeder Naturlandschaft forderte die Erosion ihren Preis: Der Mutterboden kam ins Rutschen und glitt langsam zu Tal ...

Mit der sexuellen Revolution eroberte die Pornografie die Alltagswelt der breiten Bevölkerung und anders als bei den vorhergehenden Trends wurden zeitlich bedingte Vorlieben wie die *big bazoobies* zur Ware, zum Artikel in einem gnadenlosen Wettbewerb. Immer gewaltiger wurden die mammillaren Monstrositäten, die uns blau geädert mit sonnenblumengroßen Knospen aus den Hochglanzheften entgegenschielten. Und wenn sie ihre Haltung und Konsistenz auch nur für eine jeweils relativ kurze Zeit bewahren konnten, so blieb ihr Bild doch in allen Köpfen.

Auch bei den männlichen Pornostars galten nunmehr die Superlative und auch bei ihnen half mitunter das Silikon. Doch im Gegensatz zu jenen skurril-brachialen Halbmeter-Legenden namens → Long-Dong-Silver und Texas-Long-Horn bekamen die Riesenbrüste selten entsprechende Eigennamen. Dafür gelangten die extremen Schwänze niemals aus der Sphäre privater Wunschidentifikation als gemeingültiges Sexsymbol hinaus in die Welt, schon gar nicht unter mit dem Atombusen vergleichbaren Bezeichnungen. Nuklearpenis – das funktioniert einfach nicht. Es klingt sogleich nach Brennstab, nach Ausglühung, nach dem allgegenwärtigen Vergehen der Standhaftigkeit – und damit ihrer Macht.

Heutzutage trifft man den Atombusen auf altbackenen Pornoseiten. Im Alltag hat das Atom als Bestimmungswort innerhalb eines Kompositums seine positive Ausstrahlung verloren. Nicht zuletzt die Friedens- und Abrüstungsbewegungen der vergangenen Jahrzehnte verdrängten den Atombusen aus unserem Sprachgebrauch. Die voluminöse Büste an sich feiert jedoch derzeit wieder ein gewaltiges Comeback. In den USA gilt der pralle, medizinisch geformte Busen vielen Mädchen als willkommenes Geschenk zum Schulabschluss. Silikon gilt heute als sicher, und als Alternativen gibt es Hydrogel, Kochsalzlösung und Eigenfett. In der Medienflut lassen Mega-Donnas wie Pamela Anderson, Tyra Banks, Sophie Dahl und auch die digitale Wuchtbrumme Lara Croft ihre prallen Brüste durchs Bild wippen. Allein die Sprache ist noch nicht wieder auf dem neuesten Stand.

Ausfluss

»Der repräsentabelste menschliche Ausfluss ist die Träne.« *Ludwig Marcuse*

Autoerotik

Fragt man in der Barmer Fußgängerzone nach der Bedeutung des Begriffes Autoerotik, antworten noch immer sicherlich zwei Drittel aller Frauen: »Hmm, dat müssense mein' Mann fragen, weil fahren tut der«, als hätte es weder die sexuelle Revolution noch die Emanzipation je gegeben. Und wenn jener Gatte dann von den Wochenenderlebnissen mit Polierwatte und einer guten Flasche Armaturenbrettpflegelotion zu berichten beginnt, sind wir schon mittendrin im schlechten Kabarett, hinter dem bekanntlich immer ein bisschen Wahrheit steckt. Die Autoerotik, Autoerastie oder Automonosexualität ist nicht vielen Menschen als erotische Spielart bekannt, obwohl jeder sie pflegte – zumindest von der Geburt bis zur gelungenen Ablösung, spätestens zur einsetzenden Pubertät. Jede infantile Welt- und Körperentdeckung ist in weitem Sinne autoerotisch; Bedeutung erlangt der Begriff erst wieder, wenn der Übergang nicht normal verläuft und der Proband in eine Art sexuellen Autismus abgleitet. Vielfach tritt er in hypochondrischen Ausbrüchen zutage und verbindet sich gelegentlich mit fetischistischen Selbstverletzungen bis hin zur Selbsttötung.

Leider wird von den Wissenschaftlern die Onanie des erwachsenen Menschen oftmals immer noch dem pathologischen Spektrum zugerechnet, ohne sie als autonome Vergnügungsart jenseits sozialer Probleme anzuerkennen.

Beliebte Formen der Autoerotik, die man auch in Begleitung eines Partners ausprobieren kann, sind die Autofellatio und der Autocunnilingus, auch Selfsuck genannte olympiaverdächtige Disziplinen der Selbstbefriedigung. Erfahrungen sammeln viele Menschen damit bereits in frühen Jahren, spätestens wenn sie im Zirkus mal die Schlangenmenschen sahen und deren Übungen zu Hause ausprobieren. Dauerhaft erfolgreich werden bei dieser Sportart jedoch nur jene, die regelmäßig üben und die Biegsamkeit des Rückens trainieren; alle anderen sind mit dreißig Jahren langsam aus dem Rennen. Vor allem die Frauen haben eher das Nachsehen, ist für sie der Weg doch noch einen kleinen Unterschied länger. Angeblich gibt es Menschen, die sich dieser Übung bis ins hohe Alter hinein widmen; wer ihnen jedoch ohne Yogakurs nachzueifern versucht, hört bald schon seine Wirbel ganz unerotisch klingen. Wenn also morgen wieder ein Kollege mit einem Bandscheibenvorfall ins Büro geschlichen kommt und nach Ausreden sucht, lächeln sie wissend: Die meisten Unfälle passieren im Haushalt …

B

Barbarella

Seit der Mensch malt, und das tut er schon ziemlich lange, ist eines seiner liebsten, wenn nicht sein liebstes Thema die Erotik. Im 18. und 19. Jahrhundert trieb die Kunst der erotischen und pornografischen Illustration im Zusammenhang mit der Literatur und unter dem Einfluss neuer Publikationsmethoden die wildesten Blüten. Die meisten Bilder verschwanden freilich in den Giftschränken und *private cases* der Sammler. Doch einige wurden auch einer breiten Öffentlichkeit zugänglich und prägten die Arbeitsstile der nächsten Generationen. In den vierziger und fünfziger Jahren des 20. Jahrhunderts verbanden sich schließlich die klassischen Illustrationsmethoden mit der inzwischen reich entwickelten Comic-Kultur, mit der Aktfotografie und der Mode der Pin-ups. In der Folge entstanden Charaktere, die zu Ikonen der erotischen Popkultur wurden, zu Serienhelden, die den Geschmack ihrer Entstehungszeit auch noch Jahrzehnte später präsentierten.

Mitte der vierziger Jahre machten sadomasochistisch geprägte Zeichnungen und Comics rund um die Frauenfigur Gwendoline Furore. Der Grad der Überzeichnung des Sexappeals war rollenabhängig. Sklaven und Liebesdiener waren zwar potent, wurden jedoch bis zur Lächerlichkeit in absurdesten und unvorteilhaften Situationen vorgeführt; die Domina selbst machte in jeder Lage eine gute Figur und beherrschte stets die Szenerie. Ihre Reize waren unangreifbar ausgeformt und dekoriert, wobei das Spiel zwischen Körper und Bekleidung perfekt funktionierte.

Der Topstar der Pin-up-Ära hieß Betty Page und es gab sie nicht nur in vielfältiger zeichnerischer Darstellung, sondern in persona auf zahlreichen Aktfotografien, die nicht nur »künstlerischen Studien« dienten, sondern bereits eindeutig inszeniert waren. Ihre bekanntesten Filme hießen ›Striporama‹, ›Teaserama‹ und ›Varietease‹, wobei es nicht um Pornografie ging, sondern um die Entwicklung des ganz eigenen Genres des Erotikfilms. Die Fantasien des Betrachters wurden mit einer reichen Palette der Symbolik gereizt; ein Klassiker ist bis heute Betty Page als Jungle Girl im Leopardenlook. Selbst beim Überfall der Massai-Krieger steht sie noch sicher auf ihren High Heels. Der nächste Schritt in der Ausstattung der Superfrauen war dann nicht mehr fern: Das klassische Babe war fortan gerne bewaffnet, bekam immer mehr Aufgaben zu lösen, wurde lebensgefährlich. Großkalibrige Schnellfeuerwaffen lugten unter und zwischen den → Atombusen hervor, der knapp geschnittene Body wurde immer sparsamer, aber dafür kugelsicher; High Tech stellte für die Damen kein Problem dar.

Einer der berühmtesten Comic Strips jener Zeit war ›Barbarella‹ von Jean-Claude Forest; in Frankreich unter General de Gaulle verboten, erreichte er in den sechziger Jahren absoluten Kultstatus. Science-Fiction und Fantasy hielten Einzug in die Erotik und die Geschichten wurden so komplex, dass Roger Vadim Barbarella im Jahr 1967 zum Kinostar machte. Verkörpert wurde die durch den Weltraum streunende nymphomanische Heldin (→ Nymphomanie) von Vadims Gattin Jane Fonda. Vadim ließ sich für den Plot von Einsteins Relativitätstheorie animieren und behauptete, man bleibe, schneller als die Zeit durch das All reisend, auf ewig jung. So ließ Vadim die intergalaktische Agentin denn auch gleich im Jahr 40 000 durch das Universum stöckeln. Ihr Gefährt Alpha 7 wurde von einem Kritiker beschrieben als »Kreuzung zwischen einem sexy Rasenmäher und einer Röntgenaufnahme des Oberkörpers von Mae West«. Mit Barbarella begann eine regelrechte Inflation der alles könnenden Kraftmeierinnen, die das Wunschdenken ihres meist männlichen Publikums perfekt spiegeln. Sie konnten alles, was ein echter Kerl gerne können würde; nur im Bett unterlagen sie letztendlich meist den Herren, sprich: dem Leser.

Auch die heutige Zeit hat ihre virtuelle Powerfrau, deren Sexappeal jedoch mit Rücksicht auf die Kaufkraft der Minderjährigen sehr jugendfrei gehalten wurde. Lara Croft, Abenteurerin, Archäologin und Heldin des Computerspiels ›Tomb Raider‹, definiert vor allem das Maß aktueller Darstellungstechniken neu und verkörpert die ästhetischen Merkmale japanischer → Hentais. Die Details ihrer weiblichen Reize sind fern der alten, verwegenen Übertreibungen eher das Ergebnis einer Marktstudie und entsprechend durchschnittlich. So legte sich die allgemeine Erregung relativ schnell, während Barbarella und Gwendoline in den Antiquariaten berauschende Spitzenpreise erzielen. In der heutigen künstlichen Welt gelten sie bereits nicht mehr als Trivialkultur, sondern als Kunst.

Blaubart

So manch ein Mann kennt es: Die Freundin war bereits mehrere Male zu Besuch, ist mit einigen Möbeln und – meist notdürftig von den obligatorischen Wollstaubmäusen befreiten – Regionen der Junggesellenbude auf das Nötigste vertraut und macht sich nun auf, tiefer in das Neuland vorzustoßen.

Krempelkisten, Sockenschubladen und Nähkästchen, die hinteren Reihen des Buchregals – wenige Bereiche dieses noch so unbekannten anderen Lebens sind vor ihr sicher und kaum welche brauchen es auch zu sein. Und doch ist der so Erkundete mehr als besorgt angesichts dieses Forscherdranges, betrachtet das Geschehen und fühlt den Blaubart in sich erwachen. Die Buchvorlage dieses meist ambivalent bleibenden Gefühls begleitet ihn bereits seit Kindertagen: Barbe bleu, Protagonist eines Märchens des französischen Schriftstellers Charles Perrault aus dem Jahr 1697. Der nur aufgrund eines sprachlichen Irrtums blau- und ansonsten blondbärtige reiche Großbürger Frankreichs zu Zeiten des Sonnenkönigs Ludwig XIV. stellte in dem Märchen die Neugier seiner jungen, siebten Frau auf die Probe, indem er ihr die Schlüssel seines Schlosses anvertraute, mitsamt dem eines Zimmers, das sie auf keinen Fall betreten sollte. Kaum war er aus dem Haus, tat sie dies natürlich und fand darin die entzückende Ausstellung der leiblichen Überreste ihrer Vorgängerinnen. Sie alle hatten einst das Spiel mit dem Verbotenen gespielt, die Kammer geöffnet und daraufhin für immer hier Einzug gehalten. Die Siebte schließlich ließ Perrault durch ihre Brüder retten, wobei nun der bärtige

Edelmann sein Leben verlor. Das in seiner Kürze prägnante und vieldeutige Sujet taucht in einer Vielzahl europäischer Märchen und Erzählversionen auf und ist psychologisch wie gesellschaftshistorisch interessant. Zu Zeiten des Verfassers war die Hexenverfolgung noch obligatorisch und zwang die Frauen, sich der entstehenden bürgerlich-patriarchalischen Gesellschaft anzupassen. Beim Manne setzte sich ein bunter Strauß tief greifender Komplexe durch, die unser Zusammenleben bis heute bestimmen. Wie → Don Juan, → Casanova und all die anderen prominenten Neurotiker moderner Mythologie sucht auch Blaubart auf immer die Frau seines Lebens, wissend, gar hoffend, dass er sie nicht finden wird. Bedroht ihn zwischenzeitlich eine Gefährtin alleine schon damit, dass sie ihre Bedürfnisse nicht für sich behält und die traurigen Geheimnisse seiner Macht zu entdecken beginnt, begibt sie sich bereits in Gefahr, definitiv erobert, unschädlich gemacht und ins Kämmerlein gehängt zu werden.

Maurice Maeterlinck brachte es 1890 auf den Punkt: »Es gibt ein Blaubart-Zimmer in unserer Seele, das man nicht öffnen soll. Sie geben mir heute einen goldenen Schlüssel in die Hand; doch ich zittere vor der Tür und ich weiß, dass dieser Schlüssel ins Blut fallen wird, wenn ich mich dem geheimnisvollen Befehl widersetze. Es gibt ein inneres Meer in unserer Seele, ein fürchterliches, wahrhaftes mare tenebrarum, in dem die seltsamen Stürme des Ungesagten und Unsagbaren wüten …«

Blümchensex

Der Begriff erklärt sich fast von alleine. Blumen sind seit jeher Boten der Liebe, ganz gleich ob die Tulpen aus Amsterdam kommen, die Lilie, Rose oder Päonie als erotisierende Kosenamen Anwendung finden oder die blühende Flora im Allgemeinen mit Hilfe fleißiger Bienen zur aufklärenden Anschauung herangezogen wird. Im Gegensatz zur unverblümt deftigeren und härteren Gangart des Verkehrs wird hier das Vergnügen in der immer währenden Wiederholung unbedarfter Normalitäten gesucht und gefunden.

Dass auch für den Blümchensex allerdings vorher die Defloration erfolgen muss, erscheint fast schon zu aufregend für das weich gezeichnete Bild des stets verliebten Paares zwischen Frühlingswiese und Kücheneckbank. Wer sich auch in den fortschreitenden Stadien der Liebe noch mit den harmonischen Standards begnügt, wechselt nahtlos über zum Melitta-Sex: gewöhnlich, vielleicht gar alltäglich und doch jedes Mal ein Genuss – Blümchenkaffee selbstredend. Nur dass beim Sex der zweite Aufguss manchmal intensiver ist.

Blut

»Trinke Wein: Die Sonne glüht;
Trinke Wein: Der Bambus blüht.
Trink! Voll Glühen bin auch ich:
Blut und Blut. Komm, trinke mich.«
Anonym

Bock

Der Bock ist ein Rüpel. Er stinkt und wird getrieben von seiner sprichwörtlichen Geilheit. All dies und viel mehr prädestiniert ihn für seine Rolle als eines der ältesten und meistgenutzten Kulttiere in der Mythologie zahlreicher Völker. Sein penetranter Geruch gilt von alters her als Beleg seiner enorm leistungsfähigen Sexualität, die angeblich auch vor der Weiblichkeit – gelegentlich auch der Männlichkeit – anderer Spezies, zum Beispiel der menschlichen, nicht Halt macht. Arbeiter im Felde sowie überraschte Wanderer springt er gerne von hinten an – mal randalierend, mal amourös. Der Hirte auf dem Feld weiß sich seit jeher dafür zu rächen, indem er sich wiederum weibliche Ziegen und Schafe zu Eigen macht.

Ein ganz besonderes Verhältnis also zwischen Mensch und Bock. Das schlägt sich unter anderem darin nieder, dass der Bock auch für den Gehörnten steht – bei den Griechen für die Spezies des Satyr und für den kleinen Waldgott Pan, ansonsten für den Deifi, den Teufel in Person. Er erscheint mit Hörnern und Hufen, Bocksgeruch und Rosenduft. Im Gegenzug aber wurde die schöne Liebesgöttin Aphrodite Epitragia auch unter einem Ziegennamen verehrt und empfing manches Opfer. In der Alltagsmythologie ist der Bock heute fast verschwunden. Kein Mann reibt sich mehr mit seinem Blut ein, um sich – unsterblich auf eine Frau fixiert – wieder der Welt und den anderen zu öffnen; keine Schwangere verzichtet heute mehr auf Hammelfleisch, um das Kind nicht allzu früh sexuellen Gefühlsregungen auszusetzen; kein Bräutigam massiert sein Glied vor dem Beischlaf mit Bockstalg, um die Gattin auf immer an sich zu binden. Zumindest spricht man nicht mehr darüber ... denn man würde heutzutage damit wohl eher einen Bock schießen oder diesen zum Gärtner machen, womit wir (wieder) beim → Blümchensex wären. Was nicht passt, weil der Bock es gerne härter hat, zumindest wenn er aus Holz ist und in Etablissements wie der legendären Mulackritze im Altberliner Scheunenviertel steht: als ein treuer Leidensgefährte masochistisch veranlagter Herren, die sich auf ihm von ihren Gefährten auspeitschen lassen. Im Allgemeinen sagt man heute jedoch: Null Bock. Eigentlich schade.

Bonding

In Zeiten, die in dem Ruf sexueller Freizügigkeit stehen, scheint mit den sich vervielfältigenden Spielarten der Liebe auch eine gewisse Langeweile einzukehren, da eine der spannendsten aller Aufregungen, die Herausforderung des Verbotenen, immer schwerer zu finden ist. In Deutschland existieren als letzte beständige Tabus alleine noch Sex mit Kindern und Tieren – Themen, die sich im Internet dramatischer Beliebtheit erfreuen und immer stärker auf breiter gewerblicher Ebene angeboten werden. Vor zehn Jahren sprach man weit weniger davon, denn zu jener Zeit widmete man sich den Bereichen des Sadismus und Masochismus, die zwar nicht verboten waren, aber als sehr subversiv galten. Man kultivierte Schlag- und Fesselspiele zur gesellschaftlichen Reife, integrierte sie in die Mode und in die Angebote der Erotik-Versandhäuser. Altbekannte Raffinessen aktiver und passiver Disziplinierung wurden tauglich für den Hausgebrauch, frischten manch Eheleben auf und bereicherten den braven Beamtenhaushalt mit allerlei ungewohntem Spiel- und Handwerkszeug. Schaut man diesen Sektor nun genauer an, sind eine ganze Reihe unterschiedlicher Spielarten zu entdecken, die früher einmal alle pauschal zu den so genannten Perversitäten gerechnet und über einen Kamm geschoren wurden.

Bei den Fesselspielen, auch »Bonding« und »Disziplin« genannt, geht es weniger um sadomasochistische Gefühle als um die besonderen Reize des Ausgeliefertseins. Das Fesseln des einen Partners verleiht dem anderen eine ungewohnte Macht; beide Gelüste stecken vielen von uns unbewusst aus Kindertagen noch in den Knochen. Die Voraussetzung sollte allerdings das unbedingte Vertrauen zum Partner oder zumindest eine gehörige Portion Naivität sein, sonst könnte das Vergnügen nach hinten losgehen. Handlungsunfähig zu sein und nicht zu wissen, was mit einem geschehen wird, oder auch den Partner »gnadenlos« reizen zu können – diese Situationen haben ein erhebliches Potenzial. Da der Mensch aber nun mal kein friedliches Tierchen ist und im Rausch der Lust sich die Wahrnehmung schnell verändern kann, sollte man sich vor allem bei unbekannten Partnern unbedingt auf ein Passwort einigen, bei dessen Nennung das Spiel unverzüglich abgebrochen wird.

Ein beliebtes Handwerkszeug für das Bonding war die gemeine Handschelle, die meist zusammen mit Eisengitterbetten namens »Alcatraz« oder »Fuhlsbüttel« angeboten wurde. Das Dumme an den Dingern war nur der Schlüssel, der gerne im Getümmel auf Nimmerwiedersehen verschwindet. Notfallschlosser im Nachtdienst hatten in jenen Jahren Hochkonjunktur! Eine neue Variante, die mindestens ebenso verbindlich ist, aber keiner Eisensäge bedarf, war bald gefunden. Wer hat sich nicht schon gewundert über das Pärchen an der Aldi-Kasse, das jeden Freitag leicht verschämt dreißig Rollen der billigen Frischhaltefolie aufs Rollband legte? Dieses altbekannte Küchenmaterial fand verstärkt Verwendung in den Schlafzimmern, seit man sich für die einstigen Spezialisten-Materialien Latex und Gummi zu interessieren begann. Wem die Folie zu dünn und unflexibel ist, der kann inzwischen auf eine breite Palette starker, speziell entwickelter Stretchfolien zurückgreifen, die ebenso bei der → Mumifizierung verwendet werden. Wie dem auch sei, Bonding kommt heute in den besten Familien vor.

Buster, Dolly

Als 1970 in Prag ein zartes Wesen namens Katja Bochnickova das Licht der Welt erblickte, konnte noch niemand ahnen, welche Karriere ihm beschert sein sollte. Im selben Jahr erschien Monods Werk ›Zufall und Notwendigkeit‹ und dies beides scheint auch im Fall Bochnickova eine Rolle gespielt zu haben. Der Zufall sorgte für die galaktischen Maße 116-58-96. Die Notwendigkeit der sich daraufhin entwickelnden Lebenslage ist eine Sache der Auslegung. Seit 1985 in Deutschland lebend, begab sich die Dame mit dem ausdrucksstarken → Atombusen fünf Jahre später in die Horizontale und wurde in kurzer Zeit zur Ikone europäischer Pop-Erotik. Ihr Name dürfte seither besser bekannt sein als der jedes zwischenzeitlichen Finanzministers. Doch nicht nur im Hardcore-Geschäft hat das Busenwunder, das andernfalls gerne Tierärztin geworden wäre, ein einnehmendes Talent. Auch als Scriptautorin, Produzentin, Sängerin, Kino- und Fernsehfilmschauspielerin sorgt sie mit ihrem ganz eigenen Charme und einer gewissen Schlagfertigkeit für Furore. Auf die Frage, ob ihr Busen echt sei, antwortete sie: »Natürlich. Ich habe ihn nur etwas verkleinern lassen.« Wie kaum eine andere Porno-Queen bringt sie die Welten zusammen: Vom ›zeit-magazin‹ zur »Heldin der Popkultur« geadelt und von fast jedem Talkmaster und Magazinreporter interviewt, scheut sie sich nicht, auf den Sexmessen der Republik ihre Zunge in Großaufnahme mit dem Ejakulat mindestens fünf verschiedener Herren darauf zu plakatieren.

Bei allem Talent – was wäre aus ihr geworden ohne die begnadet auf den Punkt gebrachte Konstruktion ihres Pseudonyms? Das englische *bust* heißt, wie nicht anders zu erwarten, »Brust« und »Busen«, doch zugleich auch »filmische Großaufnahme«. Im familiären Bereich bedeutet es nicht nur »Zusammenbruch«, »Bankrott« und »Pleite«, sondern auch »Sauferei« und »Schlag«, ferner (beim Aufsagen) »stecken bleiben« und (im Examen) »durchfallen«. Darüber hinaus wird es angewendet auf das Einreiten eines Pferdes sowie auf das militärische Degradieren. Ein *buster* schließlich ist ein »Pfundskerl«, eine »große Sache«, aber auch ein »Radaubruder«, »Einreiter« und »scharfer Wind«. Mehr kann man kaum von einem Pseudonym erwarten.

C

Cache-sexe

Wenig veränderte die sexuelle Kultur westlich orientierter Gesellschaften seit Anfang des 20. Jahrhunderts mehr als die Bewertung der Nacktheit. Der bloße Körper wurde und wird in allen kulturellen Bereichen gefeiert, als hätte man ihn gerade erst entdeckt. Doch zeigt die herrschende Doppelmoral – hier Toleranz durch die Entwicklung des Nackten zum Marktwert und da hartnäckig beibehaltene Grenzen –, welch tiefe Verstörung uns auf diesem Gebiet unseres Daseins umtreibt. Der künstlerische Akt und nackte Alltag der Freikörperkultur haben ihren Ruf des Revolutionären längst verloren; sie liegen im Großen und Ganzen außerhalb sexueller Attraktion. Was interessiert, ist mehr denn je das Spiel des Nacktseins durch Verhüllung, des Vorenthaltens letzter Wahrheiten, der Überhöhung des primären Geschlechtsorgans als entscheidender Fakt für die Wahrnehmung eines Menschen.

Der Mann muss, um als nackt zu gelten, lediglich den Penis präsentieren; obenrum darf er dabei durchaus bekleidet sein. Im Zustand der Nicht-Erregung empfindet er (und sie) die Attraktion seines Geschlechtsorgans meist als relativ gering und verbirgt es, wo es nur geht. Die Frau hingegen gilt schon mit entblößten Brüsten als nackt, egal wie sie ihre untere Körperhälfte präsentiert. Bei ihr kehrt sich der Begriff des Nackten sogar um; je spielerischer sie einen letzten Rest von Bedeckung im Schambereich präsentiert, desto nackter erscheint sie. Unter anderem die französischen Revuetheater, in denen sozusagen nackt, also sporadisch bedeckt, getanzt werden durfte, etablierten Anfang des 20. Jahrhunderts den knappsten Schurz der Damen als Cache-sexe, »Geschlechts-Verstecker«, in der Mode und im erotischen Bewusstsein. Die auf das Wesentliche reduzierte Damenhose und auch die exakte Form des Zweiteilers, des Bikini, ist zwar seit dem Altertum bekannt, doch zur allgemeinen Mode und zum Vorläufer des später alltäglichen Slip wurde das Stückchen Stoff erst durch dieses Spiel mit dem letzten Anstandsrestchen.

War in den fünfziger Jahren in den USA sogar das Zeigen des weiblichen Bauchnabels untersagt, änderte sich zehn Jahre später das öffentliche Bild rapide. Als Ursula Andress im James-Bond-Streifen ›Dr. No‹ von 1962 ihren selbst entworfenen weißen Bikini präsentierte, wurde an anderen Stränden bereits an Material gespart, als sei es pures Gold. In Brasilien und bald rund um die Welt eroberte der Tanga das Bild; bei ihm bedecken lediglich kleinste Dreiecke die Brustwarzen und den Schambereich, während hinten nur noch der String, ein dünnes Schnürchen, zwischen den Hinterbacken verschwindet. Im Bereich der Reiz- oder Intimwäsche begann der durchsichtige Hauch, das Zitat einer Bedeckung, seinen Siegeszug. Doch das letzte Ziel unserer Neugier will weiterhin zumindest so tun, als bliebe es verborgen.

Casanova

Was gibt es Schöneres für einen Jüngling, als dass ihm seine lebenserfahrene Lieblingstante nach dem Schulball mit gespieltem Erstaunen und entsprechend gesenkter Stimme kundtut, er sei ja schon ein richtiger kleiner Casanova? Der eigentliche Kern dieser Aussage bleibt dem Epigonen wahrscheinlich zwar noch verborgen, aber es klingt gut: nach großer weiter Welt jenseits von Walzer und Foxtrott, nach Abenteuer, Lebenslust und vor allem nach einer Menge Frauen an jedem neugierigen Finger der Hand.

Und tatsächlich war, wie in einem solchen Fall durch einen Blick in den nächsten gut sortierten Bücherschrank schnell zu erkunden ist, Giacomo Girolamo Casanova der wohl berühmteste Liebhaber der neueren Geschichtsschreibung. 1725 in Venedig geboren, begann er mit 17 Jahren, nach einer soliden Ausbildung als Priester und Doktor der Rechte, seine Karriere als Liebhaber, Verführer und Lebenskünstler. Nachdem er unschuldig in die Entführung einer Patriziertochter verwickelt war, musste er die Aussicht auf eine Laufbahn im höheren Dienst vergessen und schlug sich als Offizier, Spieler, Alchimist, Spion, Kuppler und Schriftsteller durchs süße Leben; er verkehrte an den Höfen von Joseph II. und Katharina II., plauderte mit Voltaire, Rousseau und Winkelmann und bekam von Papst Clement den Orden vom Heiligen Sporn.

Wohin er seinen Fuß auch setzte, liebte er die Frauen und, wenn anwesend, auch die Männer jeden Alters. Mit Charme, Grazie und Galanterie wusste er sich in jeder gesellschaftlichen und körperlichen Position richtig zu verhalten und wurde schon zu Lebzeiten Legende. Mit etwa vierzig Jahren deutete sich eine gewisse Abnutzung an; er verdingte sich als sachkundiger Spitzel der venezianischen Sittenpolizei und wurde schließlich verbannt. Als Bibliothekar des Grafen Waldstein im böhmischen Dux begann er, sechzigjährig, auf 5 000 Buchseiten seine Memoiren niederzulegen, deren erste nahezu unzensierte Gesamtausgabe nach vielen kastrierten Publikationen erst 1964 im Leipziger Brockhaus-Verlag erschien. Casanova starb 1798 völlig verarmt. Doch er lebt bis heute als Mythos, Romanheld und Vorbild eines jeden »homme à femmes«. Seine Memoiren weisen 116 Geliebte namentlich aus, doch Historiker schätzen die wirkliche Zahl seiner Partnerinnen auf ein Vielfaches.

»Die Liebe besteht zu drei viertel aus Neugier«, sagte er einmal und dies kennzeichnet sein Verlangen nach ungewöhnlichen Situationen und Kombinationen, seine Obsession für den Gruppensex und vor allem die ganz speziellen Höhepunkte seiner Lust: die Trennungen, Abschiede, Auflösungen der Verhältnisse. Vor nichts hatte er panischere Angst als vor der festen Bindung, vor der Unmöglichkeit weiterer Abenteuer. Die Analytiker diagnostizieren als Ursache seiner Rastlosigkeit einen Liebesmangel in früher Kindheit und eine daraus resultierende endlose und stets vergebliche Suche nach der Liebe einer, seiner Mutter. Und tatsächlich war es nicht sein Verlangen, die Frauen zu besiegen und zu erniedrigen, wie → Don Juan es tat, sondern sie zu verführen und einer jeden das aufrichtige Gefühl zu geben, sie sei das schönste, begehrenswerteste, faszinierendste Geschöpf der Welt – jedenfalls für diesen einen Moment. Keine seiner zahllosen Verlassenen soll ihm ernsthaft böse gewesen sein und gemeinsam nährten sie fortan seinen Ruhm. So ist es denn eher ein feiner Zug jeder selbst noch von entfesselten Zeiten träumenden Lieblingstante, den Nachwuchs in die Verlegenheit jenes Komplimentes zu bringen. Solange sie nicht → »Blaubart« sagt, »Boris Becker« oder → »Don Juan«, ist alles in bester Ordnung.

Cybersex

Eine Vokabel erobert seit einigen Jahren die erotische Welt: Cybersex. Was genau sich dahinter verbirgt, ist jedoch nicht so leicht zu sagen, denn die Definition unterliegt einer ähnlich rasanten Entwicklung wie jene der elektronischen Medien selbst. Das Wort ist abgeleitet von dem Begriff der Kybernetik, von dem amerikanischen Mathematiker Norbert Wiener (1894–1964) geprägt für alles, was den Gewinn, den Austausch und die Verarbeitung von Informationen einschließlich aller Probleme der Regelung und Steuerung von Maschinen und Organismen betrifft. So weit, so sexy. Zusammen mit dem englischen Wort *cipher* oder *cypher* für die Ziffer, Chiffre, das verschlüsselte Geheimnis, entwickelte sich der heute nahezu inflationär verwendete Teilbegriff »cyber-« für jegliche technisiert-künstliche Begebenheit. So meint Cybersex in seiner ursprünglichen, also längst überholten, weil zehn Jahre alten Auslegung den Sex mit Maschinen beziehungsweise die Umsetzung von digitalen Daten in sexualbezogene mechanische Darstellung und Aktion. Dieser schon Hunderte von Jahren alte Traum hat sich jedoch derart schnell verändert, dass man heute – was nicht morgen heißt – alles Mechanisch-Körperliche unter dem Arbeitsbegriff → Teledildonik vereint, wohingegen der Cybersex derzeit für alles steht, was mit Erotik im Internet zu tun hat.

Dies ist beileibe nicht wenig. Denn die körperliche Erregung ist längst Thema Nummer eins im globalen Netzwerk. So wurde, von vielen moralisch sensiblen Menschen unbemerkt, die Entwicklung der gesamten High-Tech-Branche, der Zukunftstechnologie und des Neuen Marktes weitgehend auf ein Fundament aus Sex gestellt. Natürlich geht dies nicht ohne Opfer ab. Noch längst nicht absehbar ist die dadurch hervorgerufene Veränderung so genannter sittlicher wie auch allgemein gesellschaftlicher und menschlicher Werte. Allein die Folgen des Umstands, dass im Internet absolut alles im sexuellen Bereich Denkbare für absolut jeden zu finden ist – und was es bisher nicht gab, wird dazuerfunden –, ist gesellschafts- und geisteswissenschaftlich derzeit nur schwerlich abzuschätzen.

Im Detail aber ist das Ganze eher langweilig: Das Angebot teilt sich in Bild- und Textkonserven, in (natürlich nur zum Teil echte) Liveübertragungen und in Kommunikationsebenen wie Chaträume, Message Boards etc. Der Möglichkeiten sind jedoch so viele, dass einem schlicht die Sinne schwinden. Kommt man ohne es zu wollen, aber unvermeidlich irgendwann in Kontakt mit erotischen oder pornografischen Inhalten, ist die gezielte Suche fast unmöglich, weil einem die Dienstleister zu irgendeinem eingegebenen Stichwort Tausende von Seiten melden. Da lehnt man sich doch lieber bei einem guten, altmodisch begreifbaren und wirklich unanständigen Buch in den Sessel der Fantasie zurück und lässt noch ein paar Jahre ins Land ziehen, bis der Cybersex vielleicht irgendwann nicht mehr nur aus Versprechungen besteht, sondern aus ... wer weiß?

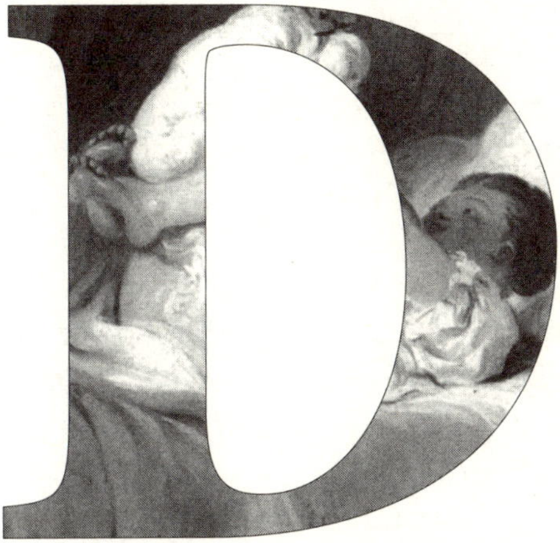
D

Delfin

Wie nur wenig andere Tiere ist der Delfin dem Menschen durch eine Reihe emotionaler Assoziationen verbunden, die Grund genug sein sollten, ihm in diesem Band einen Aufenthalt zu gewähren. Im Internet finden sich unter diesem Stichwort erstaunlich viele Websites latent oder offenkundig erotischen und pornografischen Inhalts. In späteren Zeiten, in denen das Internet rückblickend kulturhistorisch-morphologischen Erforschungen unterzogen werden wird, mögen sich an solchen Phänomenen die Anschlüsse der derzeitigen Moderne an die Mythologien des Altertums verdeutlichen lassen.

Die Delfine, eine Familie fischähnlicher Säugetiere aus der Gruppe der Wale, sind als Sinnbild des Friedens, der Weisheit, der Verständigung, der Sinnlichkeit, Zärtlichkeit und Erotik in vielen Kulturkreisen zu Hause. Sie vermitteln uns in der Grenzenlosigkeit und dem Unbekannten der Ozeane eine noch weitgehend unerforschte hoch entwickelte Intelligenz und vor allem, nicht nur durch die stets scheinbar lächelnde Anatomie ihres Mauls, eine gewisse Freude am Leben. Ob der Mensch ihn jagt und schlachtet, ihn vor die Kameras der Kinderprogramme zerrt – »Flipper ist unser bester Freund!« –, ihn im neuen Naturbewusstsein fast kultisch verehrt oder in Versuchen der Kommunikationsaufnahme einen gewissen Respekt erweist – stets akzeptiert man ihn als sinnlich, klug und individueller Entscheidungen fähig. Verbunden mit der deutlichen, dem menschlichen Empfinden nicht allzu fremd erscheinenden Ausbildung seiner primären Geschlechtsorgane und einem ausgiebigen Liebesleben mit bis zu fünfzig Vereinigungen am Tag steht der »Ritter unter dem Meeresspiegel« für puren, in seiner maritimen Feuchtigkeit allumfassenden Sex. Unter Wasser gibt es keine Schranken und kein Tabu. Kein Wunder also, dass der pulverisierte Penis des Delfins als → Aphrodisiakum zu Höchstpreisen gehandelt wird.

Bereits die abendländische Quelle des Mythos ist nicht ohne eine gewisse Pikanterie. Delphinia wurde die Diana zu Athen genannt und ebenso trug Apollo die Beinamen Delphinius oder Delphicus; ihnen beiden ist das Delphinium, ein Apollon-Tempel zu Athen, geweiht. Apollo vereinigte sich mit einer Nymphe ungeklärten Namens und zeugte, laut Pausanias, Delphus, den Erbauer der Stadt Delphi. Eine andere unserem Thema dienlichere Theorie ist freilich jene, nach der Melantho, Tochter des Deucalion und der Pyrrha, im Meer badete und sich ihr Neptun, Bruder des Zeus und Herrscher der Meere, in Gestalt eines Delfins näherte und sie zu necken begann. Sie zeigte sich von dem reizenden Tierchen so entzückt, dass sie sich in die Flossen nehmen ließ und hernach ebenjenen Delphus gebar. Ein weiteres Zeugnis für die Sinnlichkeit des Geschöpfs mag die Delphyne sein, ein furchtbares Drachenwesen in der Corycischen Höhle, das den gefangen gesetzten Jupiter bewachte. Das Monster besaß laut Vollmers mythologischem Lexikon den »Oberleib einer Jungfrau«, was immer eine solche dort auszeichnet. Den Unterleib der tierischen Dame in seiner ganzen Furchtbarkeit verschweigen die Schriften tunlichst. Das Modell ging nicht in Serie, denn Jupiter konnte entkommen.

Wie immer es damals war, auch heute interessiert sich Flipper mitunter für den Menschen als Spielgefährten.

Taucher berichten von mehr als neugierigen Tieren, wobei die Erregung allein bei den Männchen offensichtlich wird. Deren Glied, im ruhigen Zustand tief in einer Hautfalte verborgen, tritt bei der Erektion bis zu einem halben Meter hervor und besteht nicht aus Schwellkörpern, sondern praktischerweise aus Muskeln. Mit diesem Greiforgan wurde schon so mancher Taucher erschreckt, wobei das Tier in den meisten Fällen wohl eher einen Vertrauensbeweis liefern wollte denn eine tatsächliche sexuelle Annäherung vornahm. Obschon auch jene nicht selten vorkommen soll.

Unter ihresgleichen betreiben die Delfine ein variantenreiches sexuelles Programm inklusive gleichgeschlechtlicher Vergnügungen und häufiger Selbstbefriedigung. Welch herrliches Leben – fünfzig Mal am Tag, das bedeutet alle halbe Stunde, rund um die Uhr! Doch trotz allem: Delfine lieben, schmusen und plantschen nicht nur, sie rauben auch. Sie kämpfen, töten und vergewaltigen sogar. Doch davon will man in naturverniedlichenden neomythologischen Kreisen wenig wissen. Der Delfin erobert zunehmend nicht nur die Kinderzimmer, sondern als Symbol für Unverdorbenheit und Kulturoptimismus auch die Fantasy-, Techno- und Tranceszene sowie die strategischen Bereiche des heute gerne mit der Esoterik liebäugelnden Industriemanagements. So wundert es nicht, dass kürzlich in der Innerschweiz aufgetauchte Aufkleber mit der reißerischen Parole »Delfine sind Mörder« für einige Aufregung sorgten. Denn bei aller verständlichen Sehnsucht nach dem ultimativ Guten wird stets vergessen: Delfine sind auch nur Menschen.

Digitalverkehr

Digital bedeutet, dass etwas in Ziffern darstellbar ist. Das Wort ist entlehnt aus dem Englischen: *digit*, Ziffer – beruhend auf dem lateinischen *digitus*, Finger. In der heutigen Welt kennzeichnet dieses Adjektiv das Verfahren, in dem Informationen und Signale in Zahlenpakete übersetzt werden, die lediglich aus zwei Zeichen bestehen: 0 und 1. Die Digitalisierung ermöglicht im Prinzip die nahezu universelle Austauschbarkeit von Daten und ist Grundlage für sämtliche gängigen Computersysteme und Informationstechnologien. Empfinden bei diesen Stichworten höchstens Mathematiker, Informatiker und Physiker eine gewisse sexuelle Stimulans, bleibt all den anderen nur, ihr Glück im → Cybersex zu suchen und selten auch zu finden. Doch halt, fangen wir noch einmal an: Der Digitalverkehr meint in herkömmlichem, die Moderne eher karikierendem Sinne das manuelle Liebesspiel, die sexuelle Reizung des Partners mittels der Finger respektive der Hand. Das heißt im Detail, dass durch diese Spielart Berührungsformen durchgeführt und auch inwendige Orte erreicht werden, die mit keinem anderen Körperteil derart effektiv stimuliert werden können; gemeinhin ist damit also die Einführung eines oder mehrerer Finger in die Vagina gemeint.

Unter dem von Magnus Hirschfeld Anfang des 20. Jahrhunderts geprägten Ausdruck Digitatio versteht man hingegen verallgemeinernd und wörtlich das leichte, sanfte Befingern des Partners oder der Partnerin, also das klassische »Fummeln«, Streicheln und Kitzeln. Sexualwissenschaftlich wurde mit diesem Begriff versucht die autoerotische von der alloerotischen, also der gegenseitigen → Onanie abzugrenzen; das Wort setzte sich allerdings nicht durch. Zurückkehrend in die moderne Welt ließe sich ein neuer Versuch starten, es als Variante der → Teledildonik zu etablieren, als sexuelle Stimulation durch die neuen Freunde unserer Finger, durch Joystick und Maus.

Doggy Style

Der Mensch ist ein Tier: Das ist allen, die sich mit seiner Sexualität beschäftigen, nur allzu bewusst. So wundert es nicht, dass eine der beliebtesten Positionen des Geschlechtsverkehrs allem missionierenden Eifer zum Trotz immer noch Doggy Style ist, die Hündchenstellung. Die Frau steht oder kniet dabei auf allen vieren und der Mann führt den Penis hinter ihr kniend in sie ein, wobei er natürlich die Qual der Wahl hat: die Stellung, aber nicht immer der Partner, erlaubt gleichermaßen den Anal- wie den Vaginal-, aber auch den russischen Verkehr (→ englischer Verkehr). Ein Nachteil ist allerdings, dass die Klitoris dabei kaum stimuliert wird, was der Mann jedoch durch seine Handfreiheit ausgleichen kann. Für den Fall des Analverkehrs, da der hintere Partner oftmals fast auf dem Rücken des Vordermannes oder der Vorderfrau zu liegen kommt, existiert auch die schöne literarische Bezeichnung des »Tieres mit den zwei Rücken«. Der fehlende Sichtkontakt wird höflicherweise in der Beschreibung der Position oft bemängelt; es kann aber nicht ausgeschlossen werden, dass gerade dies zuweilen als

Vorteil angesehen wird. Zur Verständigung bietet sich das Bellen an …

Doktorspiele

Die sexuelle Aufklärung des Nachwuchses ist eines der heikelsten Themen unserer so genannten zivilisierten Gesellschaft. Während in zahlreichen ursprünglicheren Lebensgemeinschaften eine verbale Form der Informationsvermittlung nicht nötig ist, da die Kinder die Welt mit all ihren Sinnen selbst entdecken und nur wenig vor ihnen versteckt werden kann, entstand in unserem Kulturkreis über die Jahrhunderte ein kaum lösbares Dilemma. Noch immer lassen trotz aller Toleranz die stets bemühten Bienchen im elterlichen Wohnzimmer alle Fragen offen. Die Gesellschaft hat sich mit dem Status des kaum vorhandenen Vertrauens zwischen Eltern und Kindern bestens eingerichtet und mag den daraus resultierenden Generationenkonflikt wohl gar nicht mehr vermissen. Auch wenn in einzelnen Fällen alle Offenheit gegeben sein mag, sucht sich der heranwachsende Mensch sein Wissen doch meist auf außerhäuslichen Wegen. Die amtliche Informationsvermittlung ist nach wie vor von größter Verklemmtheit; ehrlich und direkt sprechende Aufklärungsschriften werden verboten und auf den Index gesetzt, während die Erotikbranche aus den Verstörungen unseres sexuellen Bewusstseins Milliardenumsätze scheffelt.

Kinder untereinander wissen, so sie denn entsprechenden Freiraum genießen, das Thema auf direktem Wege zu erforschen; die Doktorspiele zum Erkunden von Körper und Reaktion sind normal. Vermissen muss der Patient trotz aller autonom gewonnener Kenntnisse die Ehrlichkeit und Verlässlichkeit der Eltern; das Vertrauen, ohne Rückhalt alles erfragen zu dürfen, ist zumeist zerstört. Antwort auf alle Fragen lässt sich heute mühelos finden, doch der Prozess des Fragens nach einer persönlichen Antwort ist unterbewertet wie eh und je. Die Medien haben dies in den sechziger und siebziger Jahren richtig erkannt; Doktor-Kolumnen für Jung und Alt hatten Hochkonjunktur. Hier wurde versucht das massenhaft vorhandene Bedürfnis nach intimer Wissensvermittlung zu kompensieren; bei aller Vermarktung des Themas ist den Redaktionen zumindest anzurechnen, dass sie eine neue, wenn auch etwas künstliche Kultur des Fragens geschaffen haben. Anhand der Auswertungen tatsächlich eingegangener Fragen und Probleme offenbarte sich rasch der katastrophale Zustand sexuellen Bewusstseins in der ach so modernen Zeit; vor allem in Deutschland waren die Verbindungen zu den aufklärerischen Strömungen vor dem Zweiten Weltkrieg gekappt worden.

Der Papst aller Aufklärungsspalten, Doktor Sommer, schrieb in ›Bravo‹ Geschichte und setzte trotz aller massenmedial aufbereiteten Plattheit seiner Antworten jede Woche Diskussionen in Bewegung. Man vertraute ihm blind und übersah dankbar, dass er manche (oder die meisten?) der Leserfragen wohl selbst geschrieben hatte. Abertausende Jugendliche wünschten ihn sich zum Vertrauten, zur Vaterfigur, bis er dieser Rolle alle Ehre machte, indem er wie viele andere Väter seine treuen Frager schwerst enttäuschte. Die DGB-Jugendzeitschrift ›ran‹

deckte 1976 auf, dass es ihn in persona nicht gab. Die Entrüstung war immens und die Glaubwürdigkeit seiner Botschaften und der Medien generell in Frage gestellt.

Auch heute stehen Sexkolumnen und Doktorspalten in den Zeitschriften hoch im Kurs, wobei an der Authentizität der Verfasser kein Zweifel mehr besteht. Manche offenherzige Reihe wurde – vor allem im prüden Amerika – zum Kult und Vorreiter derzeitiger Talkshow-Manie. Die Jugend geht hingegen wieder eigene Wege, entweder klassisch hinter Büschen und verschlossenen Türen oder aber in Tausenden anonymer Chats und Message Boards im Internet, in denen sie ihre Probleme diskutieren und eine fast subversive, autonome Ebene schaffen. Wen wundert es, dass unter den Besuchern dieser Treffpunkte auch eine große Zahl Erwachsener ist, die sich digital als Teens ausgeben, um entweder tatsächliche Wissenslücken zu füllen oder nur den Reiz der Offenheit zu spüren. Der Doktor selbst ist derweil zu einer der beliebtesten Figuren sexuellen Fetischismus geworden; die in große Mode gekommene Lust, sich von verkleideten Ärzten und Schwestern mit allerlei Instrumentarium untersuchen und »therapieren« zu lassen, deutet wohl – genau wie die Flut der Arztserien im jugendfreien Vorabendprogramm – unweigerlich darauf hin, dass wir uns mit den chronischen Verkühlungen der Sexualmoral bestens arrangiert haben.

Don Juan

Die Partnersuche mittels Kleinanzeigen ist so alltäglich wie gefährlich, denn wenn man im leidigen Bemühen, sich als originell und nicht ungebildet darzustellen, bei der Wahl der Worte danebengreift, kann dies zu zweifelhaftem Vergnügen führen. Oftmals ist in diesen Kolumnen zu lesen, dass da ein gewisser »Don Juan« zwecks heißer Liebesabenteuer gesucht wird oder sich gar ein solcher Frauenheld und Schürzenjäger zu diesem Zwecke anbietet – wobei stark bezweifelt werden darf, ob ein wahrer Don Juan sich die Anzeigengebühr nicht sparen kann und lieber in Vitamine und Verhütungsmittel investiert.

Wie auch immer: Das Ganze ist eine Mogelpackung. Denn die Legende des wirklichen Don Juan de Tenorio ist heute genauso tot wie jener Oberkellermeister des kastilischen Königs Peter des Grausamen selbst – seit annähernd 600 Jahren. Die seither in unzähligen Dichtungen, musikalischen Werken, Dramen und Balletten verewigte Gestalt des unersättlichen Liebhabers und Abenteurers steht im Allgemeinen nur noch für pure Verführung, sinnliche Maskulinität und ein gewisses Durchhaltevermögen. In Wirklichkeit war Don Juan jedoch ein aus der Reihe tanzender psychopathischer Zuhälter und Zeremonienmeister seines durch sadomasochistische Orgien selbst zum Mythos gewordenen Herrn. Apropos Wirklichkeit: Noch immer ist nicht sicher, ob es ihn tatsächlich gab oder ob er nur die Gestalt einer spanischen Sage ist, die erst durch ihre häufige kulturelle Rezeption zum Leben erweckt wurde. Erstmals schriftlich erwähnt wird er in Tirso de Molinas 1624 uraufgeführtem religiösen spanischen Drama ›Don Juan – Der Verführer von Sevilla und der steinerne Gast‹. Von nun an ließ ihn keiner mehr untätig in der Ecke sitzen: Von Mozart und da Ponte mit ihrem ›Don Giovanni‹, von Molière und Richard Strauss bis zu Albert Camus, Jean Anouilh und Max Frisch, von E.T.A. Hoffmann, Alexandre Dumas und Victor Hugo bis zu den Lassie-Singers – die Geschichte des Verführers, der glaubt, von den Frauen der Welt vergewaltigt zu werden und sich wehren zu müssen, lässt niemanden unberührt. Die Psychoanalytiker attestieren ihm in seiner ruhelosen Suche nach einem Mutterersatz einen ausgewachsenen ödipalen Komplex; den verhassten Vater stellt ein jeder der zahllosen Ehemänner dar, denen er die Gattin raubt. Denn ohne die zu betrügenden Männer kommt kein Don Juan in Fahrt!

Der so genannte Donjuanismus ist folglich gekennzeichnet durch die Sucht, nicht möglichst viel Sex zu haben, sondern mit möglichst vielen Frauen sexuell zu verkehren, wobei deren Vergnügen am Spiel absolut verzichtbar scheint. Der Donjuanist sucht in seiner Rastlosigkeit im Grunde nur nach seiner eigenen Männlichkeit; die Frauen sind ihm generell verhasst. Er versucht, ob sie verführbar sind, und sind sie es, ist sein Bild von ihnen abermals bestätigt. Miguel de Unamuno schreibt in seinem Werk ›Juan oder die Welt ist Theater‹: »Don Juan fühlt sich immer auf der Bühne, träumt sich immer und bewirkt, dass man ihn träumt, dass er immer von seinen Geliebten geträumt wird. Und dass er sich in ihnen träumt.« Und Guillaume Apollinaire lässt in seiner Erzählung ›Die Großtaten eines jungen Don Juan‹ die Prägungen folgerichtig schon im Elternhaus beginnen: »In diesem kurzen Augenblick schossen mir eine Unzahl von Gedanken und Bildern durch den Kopf. Meine Tante, vor der ich splitterfasernackt gestanden hatte; meine Schwester, deren niedliche kleine Mizzi ich mir genau angesehen hatte; die beiden Mägde mit ihren stämmigen Schenkeln; das alles zog an meinem inneren Auge vorbei. In dem Maße, wie ich mir das vorstellte, bearbeitete ich meinen Knüttel mit der Hand schneller, und plötzlich ging es mir wie ein elektrischer Schlag durch den ganzen Körper. Tante, Berthe, Ursule, Hélène! ...«

Man könnte nun meinen, auch → Casanova, der andere Held der Männerbewegung, sei ein Donjuanist. Doch gemeinsam ist den beiden Herren lediglich ihre Bindungsunfähigkeit durch defizitäre mütterliche Fürsorge. Casanova wollte nicht siegen, sondern lieben: nicht den Erfolg, sondern das Glück. Er wollte den schönen Moment zwar bewahren, doch dies gelang ihm nicht. Don Juan hingegen sammelte die Frauen lediglich auf, um sie besessen zu haben; danach warf er sie weg. Welche Variante nun »erotischer« ist, darüber streiten sich die Donjuanisten und Casanovaner weltweit und unentwegt ohne zu einem letztgültigen Ergebnis zu kommen.

Ach ja, die Kleinanzeigen: Sie fußen zwar oft auf tiefer Unwissenheit, doch sie lügen nicht wirklich: In vielen von uns Kerlen steckt ein kleiner Don Juan – zumindest in der Hose. Denn die volkstümliche Namensgebung des Penis als »Johannes« oder »Hans« hat durchaus ihren Hintergrund ... Im Übrigen liegt in den uns durch Statistiken erschlossenen Gesellschaften die durchschnittliche Zahl der Sexualpartnerinnen im gesamten Leben eines Mannes bei fünf. Dafür die ganze Aufregung!

E

Ehehygiene

Ehehygiene steht symbolisch wie kaum ein anderes Wort für den Stand der Sexualität im kriegsversehrten Deutschland der ausgehenden vierziger und beginnenden fünfziger Jahre. Das Land war moralisch, kulturell und religiös in seinen Grundfesten zerrüttet; fast alle Wertstrukturen waren von den Nationalsozialisten aufgelöst oder modifiziert und große Teile des Volkes mitsamt ihrer kulturellen Werte ausgelöscht worden. Nun lag alles in Trümmern; die Hälfte der deutschen Männer ruhte auf den Schlachtfeldern und die meisten anderen befanden sich in Kriegsgefangenschaft.

Die Frauen daheim hatten unterdessen absolut keine Vorstellung mehr davon, was ihre treu sorgenden Gatten im Kriegstaumel alles angestellt hatten; die zärtlichsten Liebhaber waren im angeblichen Feindesland zu Vergewaltigern und Mördern geworden oder hatten zumindest einige Jahre in soldatischen Strukturen der Triebkompensation verbracht. Auch viele Frauen hatten sich unterdessen fremden Männern hingegeben. Manche aus persönlicher Not, um das Überleben der Restfamilie zu sichern. Der Terror des Krieges war nun vorbei, die sexuelle Ausnahmesituation hingegen noch lange nicht. Niemand konnte sich des Partners mehr sicher sein.

Hinzu kam eine nachwachsende Jugend, die in dem ganzen Durcheinander ihr Recht auf ein Liebesleben durchzusetzen versuchte. Hier herrschte dringender Handlungsbedarf.

Mit Unterstützung der Verwaltung bot sich den neuen Wirtschaftsabenteurern wie der Pilotin Beate Uhse eine faszinierende Marktsituation: die flächendeckende Herstellung einer neuen Normalität. Geburtenregelung, sexuelle Selbstbestimmung, vielfältige neue mediale Möglichkeiten, eine traumatisierte, aber im Innersten lebenslustige Kundschaft – ideale Voraussetzungen, gegen die auch die restriktive Moral der ersten zwei Jahrzehnte wenig ausrichten konnte. Man einigte sich, indem man sämtliche von der Erotik berührten Vorgänge und Produkte in der Darstellung zu funktionalisieren versuchte. Es entstand jener denkwürdige Begriff der Ehehygiene, der zwar noch nicht den unmittelbaren Pornografiebereich besetzte, doch ansonsten einige relative Offenheit bot. Die Selbstdarstellung dieses Phänomens blieb bis in die siebziger Jahre hinein belegt von einer einzigartigen problemorientierten Verklemmtheit, die in offenem Widerspruch zum tatsächlichen sexuellen Geschehen stand. Ein relativ später Prospekt von etwa 1975 verkündete trotz der bereits bis auf die kleinbürgerliche Ebene durchgedrungenen sexuellen Revolution noch immer: »Eheprobleme sind Liebesprobleme. Liebesprobleme sind Probleme des Sexuallebens. Alle angebotenen Artikel sind ernsthaft zu bewertende ehehygienische Hilfsmittel, die einer Normalisierung der körperlich-seelischen Partnerharmonie dienen sollen! Die Wichtigkeit der Probleme, um die es geht und von denen so manches Eheglück abhängt, sollte es verbieten, die Schrift und ihre Angaben ohne jedes Maß an Ehrfurcht vor der Natur und ihrer Göttlichkeit zu betrachten, ohne die man die Beschäftigung mit solchen Themen als frivol bezeichnen könnte. Es liegt an jedem Leser, sich durch Ernst sowie durch Ehrfurcht vor der ehelichen Liebe vor dem Verdacht zu schützen, sich mit dem Thema eines solchen Prospektes nur aus Gründen der eigenen Laszivität zu befassen. Behandeln Sie diesen Prospekt, wie es sich geziemt …«

Einhandliteratur

Seit der stärkeren Verbreitung des Buches im 17. Jahrhundert entwickelte sich eine differenzierte Verlags- und Vertriebskultur für erotische Literatur. Das Buch als solches, die erotische Dichtung und der pornografische Roman mitsamt allem auf das Medium zugeschnittenen Bildwerk wurden begierig aufgenommen und zum Objekt der Leidenschaft; Sammler und Liebhaber füllten ihre Geheimfächer und hinteren Regalreihen, förderten die Autoren und Verlage und schrieben somit selbst einen Teil der modernen Sitten- und Kulturgeschichte. Bis zum Zweiten Weltkrieg erschienen viele erotische Werke zumeist noch in kleinen und Kleinstauflagen, galten als Luxusgut, waren nur durch spezielle Verzeichnisse zu recherchieren und wurden unter dem Ladentisch gehandelt. Doch trotz aller Zensur, Kriminalisierung und Vernichtung haben eine Vielzahl, wenn nicht die meisten der wirklich bedeutenden Schriften bis heute überlebt. Das Gros der Werke ist zwar nicht ständig lieferbar, da der Markt für sie angesichts der konkurrierenden Bilderflut nicht gerade größer wird, aber innerhalb der bibliophilen Liebhaberschaft spielt ein jedes von ihnen weiterhin seine anregende Rolle.

Beispielhaft sei das erst vor wenigen Jahren wieder aus

der antiquarischen Versenkung aufgetauchte Hauptwerk der viktorianischen Erotica genannt. ›My secret life‹ erschien anno 1888 in 25 edlen Exemplaren und 1901 in Paris in einer ersten Publikumsauflage unter dem noch immer nicht sicher geklärten Pseudonym Walter. In der Einhandliteratur nimmt diese erotische Autobiografie insofern eine irgendwie schwer wiegende Rolle ein, da sie auf eines der Hauptprobleme der Bibliophilie hinweist: Die schönsten Bücher sind die schwersten. Walters fast 3 000 ehemals in elf Bänden erschienene Seiten, in der Neuausgabe jedoch nur auf drei Bände aufgeteilt, sind für rücklings liegende Lesepositionen auf Dauer kräftezehrend, denn man hat nur die eine Hand fürs Buch. Die andere versucht die ausgelösten Fantasien zu verstärken und spielt die Szenen im wahren Leben nach. Ebenso dürfte dies bei Walter einige Kondition abverlangen, denn das Werk besteht mit nur fragmentarischen Übergängen aus immerhin gut 1 200 Geschlechtsakten jeglicher Couleur!

Auch das Internet ist randvoll mit schriftlicher Pornografie; durch die zum Teil angeblich authentischen Berichte sexuellen Erlebens von überwiegend nur minder literarisch begabten Autoren formte sich in den letzten Jahren eine ganz neue Subkultur des Schreibens. Zu Tausenden stehen die Storys in den Webarchiven, sind per Suchlauf auf Stichworte hin herausfilterbar und oftmals im Vorspann durch Kürzel kategorisiert nach Geschlecht, Alter, Obsession und Perversitäten, Zahl der Orgasmen etc. Die Bildschirmlektüre hat jedoch Schwächen, denn zur Betätigung der Maus braucht man meistens gerade jene Hand, mit der auch die körperliche Kulturarbeit am meisten Spaß macht. Dem Bibliomanen fehlt zudem der unnachahmliche Geruch älteren Buchpapiers, ohne den der erlesene Höhepunkt nur halb so gut gelingt. Und die behutsame Umständlichkeit, die ein kostbares Buch dem außer Kontrolle geratenden Leser abverlangt, ferner das unverzügliche Zugreifen auf Lieblingsstellen, das individuelle Überspringen gerade unerwünschter Passagen, das fast unbewusste Taxieren der kommenden Absätze nach dem Verlauf der Geschichte und die letztendliche Regieführung und das Timing der eigenen Hand in Korrespondenz mit dem Geschriebenen – all das geht nur mit dem klassisch gedruckten Buch. Es fühlt sozusagen mit; in seinen Seiten leben all jene mit ihm erfahrenen Höhepunkte fort. Das Buch kann man lieben, eine Datei jedoch kaum. Die Zukunft der Branche dürfte zumindest im Bereich der erotischen Literatur nicht gefährdet sein.

Ejakulation

Hintergründe und Bedeutungen der Ejakulationen des Mannes wie der Frau liegen nach wie vor bei vielen Menschen im Unklaren. Neugierige und Ratsuchende finden in diversen Lexika verschiedene, zum Teil kulturgeschichtlich verklärte Interpretationen, während die mündliche oder massenmediale Aufklärung der Einfachheit halber auf die Standardversion zurückgreift. Nach jener hat lediglich der Mann eine Ejakulation, welche den Sexualakt für ihn abschließt, da sie zusammen mit dem Orgasmus erfolgt beziehungsweise gleichbedeutend mit ihm ist. Die annähernde Wahrheit ist hingegen, verkürzt dargestellt, dass der Vorgang der Ejakulation beim Mann wie bei der Frau durch ein eigenes Zentrum gesteuert wird und unabhängig vom orgiastischen und sonstigen Empfinden ist, obwohl er von diesem natürlich maßgeblich beeinflusst wird. Doch gibt es – häufiger als vermutet – Ejakulationen ohne Orgasmus, wie es auch Höhepunkte ohne Ergüsse gibt. Während sich beim Mann der Spermacocktail zusammenmischt, erzeugt die Frau unabhängig von der Scheidenflüssigkeit eine Sekretion der Vorhofdrüsen. Ein nahezu vollständiger Geschlechtsverkehr bestünde also aus vier Ereignissen, zwei Höhepunkten und zwei Ergüssen. Für den Zeugungsakt bedarf es jedoch nur des Samenauswerfens, den die meisten Männer für den echten Orgasmus halten.

Auf dieser Grundlage unseres sexuellen Alltags und Erfolgsempfindens beruhen die zahlreichen Bezeichnungen und Missverständnisse rund um die männliche Ejakulation, wobei die am häufigsten genannte hier stellvertretend erwähnt sein soll, die Ejaculatio praecox. Das meint das vorzeitige Herausschleudern des Samens, noch bevor oder gerade während der Mann das Glied in die Scheide führt. Man unterscheidet des Weiteren zwischen primärem, seit der Pubertät bestehendem, und sekundärem, nach einem bestimmten Erlebnis auftretendem Praecox. Die von den Psychologen für diesen Umstand bereitgehaltenen Gründe variieren beträchtlich zwischen übermäßiger genusssüchtiger Fantasie und Frauenhass, Überempfindlichkeit und Kastrationsangst. Tatsächlich ist der Praecox meist ein Selbstläufer, denn entsteht seinetwegen einmal ein gewisser Komplex, kann man sich der Wiederholung sicher sein. Ebenso einfach ließe sich daran arbeiten, wenn man den Erguss auch ruhig schon auf der Türschwelle geschehen lässt und erst dann richtig loslegt; die Partnerin wäre manchmal dankbar. Ihre Ejaculatio praecox kommt uns im Übrigen seit jeher stets ganz recht.

Am häufigsten wird mit der Ejaculatio praecox fälschlicherweise eine nicht sehr lang andauernde Phase bis zum Erguss bezeichnet. Die Leistungsgesellschaft lässt uns auch im Bett nicht los, wenn wir uns die ständig standhaften Vorbilder literarisch-erotischer Heldenmärchen oder der Pornoindustrie zum Vorbild nehmen, um uns und allen anderen etwas zu beweisen. Der Marktwirtschaft kann all dies nur recht sein, macht sie mit den Komplexen doch ein recht anständiges Geschäft. Furcht einflößende ehehygienische Weltuntergangsbotschaften setzen die Quote der von Vorzeitigkeit befallenen Männer bei neunzig Prozent an und werben für die »Dreißig-Minuten-Creme«, für »Longlife« und »Evergreen« als einzige Garanten für die Befriedigung der Partnerin. Dass jene nun eine ganze halbe Stunde auf dem Rücken liegen muss, bis der Gatte meint, sie könne nun genug haben, ist eine wahrlich unbefriedigende Vorstellung. Kondition sei, so verkünden die Broschüren bis heute, das A und O der Beseitigung des weiblichen Orgasmusproblems. Und schließlich, so meint ein gewisser »Dr. med. W. S.« in einem Werbeblatt, sei »eine nicht zum Orgasmus kommende Frau für den Mann Anlass zu erheblicher Enttäuschung«. Donnerwetter, die Latte ist wahrlich hoch gelegt. Schnell her mit der Großtube »extra stark«: »Das preiswerteste Glück, das es zu kaufen gibt!«

Englischer Verkehr

Jedes Volk und Land hat während seiner Geschichte ganz eigene sexuelle Spielarten entwickelt, die es selbst als die normalsten der Welt empfindet. Was sich hingegen anderswo abspielt, wird vielleicht dankend ins Angebot aufgenommen, aber stets nach der Herkunft benannt und gekennzeichnet, um das Fremde nicht bedingungslos zum Eigenen zu machen. Bei der Moral hält man gerne eine gewisse Distanz, um die eigene Identität nicht zu gefährden und sich beizeiten von den fernen Sitten abgrenzen zu können. So pendeln die zahlreichen Bezeichnungen für andernorts gepflegten Sex zwischen ernsthafter kulturhistorischer Zuweisung und ironischer Häme; manche werden nur für den Spott, einige jedoch ernsthaft zur Selbstdarstellung oder Suche verwendet. Der englische Verkehr bietet beides zugleich, hat er doch zwei verschiedene, im Volksmund gleichermaßen eher unbekannte Bedeutungen. Falsch wäre, die Deutung bei der Verkehrsrichtung zu beginnen, denn nicht die Neunundsechziger-Position ist Queen Mums liebste Domäne, sondern, Variante A, der Koitus am Nachmittag. Mit Schirm, Charme und Melone pflegt der Brite den Sex zur Tea-Time: *Five o'clock, sharp!* Beim Londoner Nebel sieht eh niemand etwas. Variante B hingegen geht etwas härter zur Sache: Auch als »englische Krankheit« wird eine auf schulische Umgebungen bezogene Art des Flagellantismus bezeichnet, die peitschende, geißelnde oder klapsende Praktik der Züchtigung. In den britischen Schulsystemen wurde die Erscheinung sexueller Triebe seit jeher besonders streng unterdrückt, was der erzieherischen Variante des Sex auch im späteren Leben eine bedeutende Rolle zuweist. Hierbei geht es jedoch nicht so sehr um sadomasochistische Praktiken denn um spielerische Erniedrigungen, die mitunter danach von den »Erziehern« mit sozusagen ganz normalem Geschlechtsverkehr belohnt werden.

Doch nicht nur die Vorlieben des Empire seien hier erwähnt; auch eine kleine Auswahl anderer lokal zugewiesener Spielarten mögen zur Welterkundung anregen:

Überall auf der Welt bekannt und praktiziert ist der Analverkehr, der vor allem in Deutschland auch als griechischer Verkehr bezeichnet wird. Hierzulande entwickelte man in mehreren Epochen besondere Affinitäten und eine regelrechte Hassliebe zur Päderastie oder Knabenliebe im Hellas des Altertums; man spürte den historischen Vorgängen nach und verteufelte sie entweder blind oder zieht sie bis heute zur absurden Rechtfertigung von Sex mit Minderjährigen herbei. Der griechische Verkehr wurde jedoch auch für den heterosexuellen Bereich mit der Zeit zum Prostituierten-Codewort für Analverkehr.

Auch der bulgarische Verkehr meint den »hinteren Eingang« beim Sex zwischen Männern, Mann und Frau oder auch Mensch und Tier. Heute im englischen Raum durch sprachliche Verformung als »Buggery« bekannt, lässt sich die Bezeichnung auf die Sekte der Bogumilen zurückführen, die im 11. Jahrhundert auf bulgarischem Gebiet wirkte. Ihre Gegner sagten ihnen nach, sie pflegten analen Verkehr in allen Varianten, da nach ihrer Philosophie der Zeugungsakt verboten sei.

Indische Sexualstile und -gebräuche bilden einen immens großen Komplex, der uns Europäern durch den fehlenden philosophischen Unterbau meist nur fragmentarisch und durch manche Übungen des Kamasutra vor Augen steht. Viele historische Abbildungen klassisch indischer Liebespositionen erscheinen uns eher als Denksportaufgabe (»Ordne die Gliedmaßen den Köpfen zu«), und Freude an der uneingeweihten Nachahmung hätte allein der Orthopäde. Manche Lehrbücher bieten jedoch Light-Versionen an.

Als japanische Übung bezeichnet man mitunter die Kunst, die weiblichen Geschlechtsorgane per Hand abwechslungsreich und bis zur höchsten Lust zu stimulieren. In fernöstlichen Kulturen fand diese Technik schon immer Anwendung, wohingegen man sich im Westen ihrer vor allem bediente, um die Damen von angeblicher → Hysterie zu »heilen«.

Als chinesisch, aber auch als finnisch wird die »Schlittenfahrt« bezeichnet, eine Stellung, bei der der Mann zwischen den Beinen der auf dem Rücken liegenden Frau kniet, ihr Becken anhebt und auf seine Schenkel legt. Nun beugt er sich vor und die rasante Fahrt ins Tal kann beginnen. Vorsicht in den Kurven!

Russischer Verkehr steht umgangssprachlich für allerlei anale Techniken ohne Geschlechtsverkehr sowie für die Einbeziehung der Oberschenkel: Die Frau befriedigt den Mann mit ihren Schenkeln, er reitet auf ihnen oder dringt zwischen sie ein.

Arabisch treibt man es, wenn man den Analverkehr pflegt. Diese Sprachvariante hat ihre Wurzeln angeblich in der im Orient so hoch geschätzten Jungfräulichkeit und der dadurch beliebten Möglichkeit, mit einem Mädchen zu verkehren ohne sie zu verletzen. Ebenfalls steht es für

Sex unter Männern, der in weiten Teilen des Orients zwar verpönt und mancherorts streng verfolgt ist, andererseits aber auch völlig frei von der Kategorisierung als Homosexualität geschehen kann.

Am 25. September 1992 schrieb die italienische Tageszeitung ›La Repubblica‹: »37 Prozent der Italiener erklärten, es auf dem Esstisch gemacht zu haben.« Zu vermuten ist, dass sich dahinter der italienische Verkehr verbirgt. Buon appetito! Demnach halten sich die anderen 63 Prozent dabei lieber auf der Vespa oder im Topolino auf. Als florentinisch bezeichnet man hingegen ein konkretes Detail, das stramme Zurückhalten der Penishaut mit Daumen und Finger an der Peniswurzel während aller Handlungen. Dies verstärkt die Empfindung des Mannes beträchtlich und beschleunigt die Ejakulation.

Dann wäre da noch eine länderspezifische Variante, die wohl jedem bekannt sein dürfte, der französische Verkehr oder auch die Fellatio. Der Oralverkehr jeglicher Spielart wurde vermutlich seit dem 18. Jahrhundert so bezeichnet, als französische Prostituierte der gehobenen Kategorie diese Variante verstärkt anboten und sie zur Mode machten. Dahinter stand freilich ein wirtschaftlicher Gedanke, hatten sie doch so keinen Verdienstausfall während der Menstruation. Die kirchliche Moral ächtete den französischen Verkehr jahrhundertelang als unsittlich; derweil ist er bei uns etabliert, wenn auch heute noch in manchen Ländern verboten, unter anderem in einigen Staaten der USA.

Die Liste der länder- und völkerspezifischen Spielarten könnte noch viele Seiten füllen. Ein jeder sollte selbst einmal auf die Suche danach gehen und sich einen Globus auf den Nachtschrank stellen. Deutschland stellt im Übrigen auf dieser Karte einen gewissen weißen Fleck dar, denn was genau zeichnet uns in der Welt aus? Am Ende wohl irgendetwas zwischen → Missionarsstellung und → Blümchensex?

Enthaltsamkeit

»Nun, so ein besonderes Vergnügen ist die Enthaltsamkeit vom Weibe auch nicht, das muss ich schon sagen.«

Karl Kraus

Erotik

»Erotik ist die Überwindung von Hindernissen. Das verlockendste und populärste Hindernis ist die Moral.«

Karl Kraus

F

f2f

Wir alle erinnern uns der Eltern und Großeltern, die in Anbetracht unserer frisch aus der Schule heimgebrachten Ausdrücke und Bezeichnungen für alltägliche Dinge und Taten den Kopf schüttelten und die Welt nicht mehr verstanden. Allzu schnell dreht sich jedoch das Karussell; kaum ist man aus den Kinderschuhen raus, steht man selbst veraltet vor den Erscheinungen der Gegenwart und legt die Stirn in Falten wie einst die Betrachter der ersten Eisenbahnen. Eine dieser Erfindungen der Neuzeit ist gegenstands- und wesenlos und so alt wie die körperliche Liebe; dennoch ist sie in aller Munde. Es geht um f2f, was so viel heißt wie Face-to-Face-Sex, und gemeint ist nichts anderes als die sexuelle Betätigung in persona, von Körper zu Körper, handfest, analog und hundsgemein. Noch vor kurzem wäre kaum jemand darauf gekommen, hierin eine Neuerung zu sehen. Tatsächlich konstituiert sie sich vor allem durch ihr Gegenteil, die indirekten Sexualakte mittels moderner Computertechnologie. Ein relevanter Teil der gesamtgesellschaftlichen Libido wird heute durch die Glasfaserkabel gejagt, via Satellit über die Meere geschleudert und dem Empfänger zugestellt. Telefon-, Internet- und alle anderen Formen des → Cybersex sind Teil unseres Alltags geworden, sind Normalität.

Demzufolge hat das bisher Normale seine Position verändert beziehungsweise erst einmal eine bezogen und sich definiert. Face to Face, von Angesicht zu Angesicht, ist der Sex fortan nur noch ein Teil seiner selbst. Für manche Schicksale der neumedialen Welten wird er womöglich zur Besonderheit, zur exotischen Ausnahme. Schon sind die Zeitungen voll von Schicksalsberichten digital verbundener Liebespaare, die nur eines nicht hätten tun sollen, um ihr erotisches Treiben aufrechtzuerhalten: sich tief in die Augen zu sehen, live, persönlich und anfassbar. Natürlich ist dieses Phänomen nicht neu, denn schon immer hatte das Verhüllen der Identität und der Persönlichkeit während des geschlechtlichen Kontaktes einen gewissen Reiz. Heute jedoch diskutiert man bereits die Gefahr der Abspaltung einer neuen gesellschaftlichen Gruppierung, der nur noch berührungslos elektronisch Kommunizierenden, die ihr sexuelles Bedürfnis via Verfügbarkeit sämtlicher stimulierender Informationen befriedigen. Die Furcht davor ist so verständlich wie jene unserer Ururgroßeltern vor der Dampfmaschine. Die geisteswissenschaftliche Neuerfassung aller menschlichen Koordinaten der Neuzeit hat noch lange keinen Grund unter den Füßen. Vorerst gilt zum Glück das absolut uncoole, verstaubte Prinzip des p2v. Was das ist? Ach, fragen Sie die, die über dreißig sind. Die haben noch davon gehört, damals, in der guten alten Zeit ...

Ficken

Das heute gebräuchlichste ordinäre Wort für die Ausübung des Geschlechtsverkehrs ist uns in diesem Zusammenhang so normal geworden – inklusive seiner nach wie vor strikten Ablehnung, wenn es darum geht, den guten Ton zu wahren –, dass man die Normalität des Ursprungs vergessen hat. Eine ganze Clique verwandter Begriffe schart sich um den fruchtbarsten von ihnen: fick, fack, fuck, fickfacken, fokken, foppen, fuchsen – und alle meinen seit althochdeutschen Zeiten ungefähr Ähnliches: hin- und herreiben, hinein- und hinausbewegen, necken, reizen, etwas im Kopf bewegen, ein Problem lösen, kurz: nachdenken. Die Trennung von Kopf und Bauch scheint also noch nicht allzu alt zu sein. Sagt jedoch heute eine wissenschaftliche Koryphäe vor Publikum, er hätte für seinen Vortrag die ganze Nacht gefickt, löste dieses Bekenntnis trotz aller Liberalität wahrscheinlich vehementes Erstaunen aus …

Fisimatenten

Jeder kennt die Bedeutung haargenau, doch die wenigsten könnten exakt beschreiben, was gemeint ist: »Mach mir ja keine Fisimatenten!«, rief einst die Mutter der Tochter hinterher, wenn jene abends das Haus verließ. Sogar der Duden widmete der Wendung bereits einen Eintrag, der allerdings sehr variabel ist, denn wenn die dort genannten »leeren Ausflüchte« an der Reihe sind, sind die gemeingültigen Fisimatenten – oder Fissematenten, wie man im Ruhrpott sagt – bereits gemacht. Die Etymologen deuten das Wort als Streckform des frühneuhochdeutschen *fisiment*, bedeutungsloser Zierrat, und zu *visieren*, was heißt die Wappenfiguren zu ordnen. Während nun in der Anwendung recht unwahrscheinlich erscheint, dass die Mutter ihrer Tochter mit erhobenem Zeigefinger den Rat auf den Weg gibt: »Ordne ja nicht in der Streckform deine Wappenfiguren!«, hat der Volksmund mal wieder die beste, wenn auch wissenschaftlich unbelegte und indirekte Erklärung für all dies: Während der napoleonischen Feldzüge hätten die galanten Krieger jede erreichbare Dorfschönheit mit der einfachen Aufforderung begrüßt: »Visitez ma tente«, besuchen Sie mich in meinem Zelt. Und dort geschahen sie also, die Fisimatenten. Ohne große Sperenzchen! Wie grau ist alle Theorie …

Fisting

Im rheinisch-bergischen Raum gibt es ein altes umgangssprachliches Wort, welches gerne angewandt wird, wenn jemand im Essen herumrührt, im Schlamm buddelt oder irgendetwas anderes Feucht-Fieses macht: Man sagt, jener »fiest« herum oder er könne das »Fiesen« nicht lassen. Wenn man dann das erste Mal vom Fisten und Fisting hört, ist man schnell geneigt, sich dieses Wortes zu erinnern. Die hier gemeinte Sexualpraktik, auf Deutsch auch unverblümt »Faustfick« genannt, mag zuerst etwas abschrecken, denn bei ihr führt der eine Partner erst seine Finger, dann die ganze Hand und im Extremfall noch einige Zentimeter des Unterarms in den Anus des anderen ein. Dies gelingt freilich nur bei ausreichender Übung auf beiden Seiten, denn entgegen dem ersten Anschein geht es hier nicht um Schmerzen und Gewalt, sondern um die besonderen Sensibilitäten des Anus- und Darmbereiches sowie um Vertrauen und Hingabe.

Beliebt ist das Fisten nicht nur bei männlichen Homosexuellen; auch im »ganz normalen« heterosexuellen Sexualleben kommt es nicht selten vor. Unverzichtbar für die Aktion sind gleitende Hilfsmittel wie Vaseline oder spezielle Creme; in amerikanischen Schwulenkreisen hat sich das Lebensmittelfett Crisco sehr bewährt. Trotz aller Vorsicht birgt die Technik eine gewisse Verletzungsgefahr, weshalb auf einen weiteren geschlechtlichen Analverkehr danach verzichtet werden sollte. Der erotische Reiz des Fistens ist für viele Menschen nur schwer nachvollziehbar, auch wenn der normale Analverkehr gemeinhin zum festen Repertoire gehört. Überzeugte Fister schwärmen jedoch von der härteren Gangart, sowohl von der passiven wie auch von der aktiven Seite. Es gäbe tatsächlich wenig Schöneres als diese Technik perfekt zu beherrschen und die Hand sanft in die Tiefen gleiten zu lassen, bis sie die Nieren und andere Organe des Partners ertasten und streicheln kann. Eine gewisse Hygiene sollte bei alledem obligatorisch sein, denn sonst ist das zweite »e« ganz schnell wieder da.

Fleisch

»Nur das Skelett am Menschen ist schön. Das Fleisch ist das, was man sich schleunigst abgewöhnen muss.«

Peter Altenberg

Four-Letter-Word

Was verboten ist, hat seinen besonderen Reiz und stets auch seine ganz spezielle Bezeichnung und Umschreibung. Der Puritanismus mancher Länder erklärt einige in direktem Zusammenhang mit praktizierter Sexualität stehende Wörter bis heute nicht nur als unschicklich, sondern als strikt für die Veröffentlichung verboten. Das Englische und Amerikanische beinhaltet nun eine besonders große Anzahl prägnanter Wörter mit vier Buchstaben und so ergibt es sich von selbst, dass des Menschen liebste Betätigungen durch ebensolche benannt sind: *to live, to kill* und natürlich die Liebe, nicht erst nach Bob Dylans Song ›Love Is Just A Four-Letter-Word‹. Das bekannteste von ihnen dürfte die nüchterne Umschreibung maßgeblich geprägt haben, denn es direkt auszusprechen ist, wie gesagt, vielerorts noch immer nicht gestattet, obwohl es sich um eines der meistverwendeten Wörter der Sprachen der Welt handeln dürfte: »Fuck« ist für einfach alle Lebenssituationen brauchbar. Man sagt, es sei ein Akronym für *For Unlawful Carnal Knowledge* – nur unklar übersetzbar mit: für ungesetzliche geschlechtliche Vertrautheit – oder auch abgeleitet von *firk*, was bedeutet: *a sharp trust*, eine durchdringende Verbindung. Offensichtlicher ist jedoch der Ursprung, den es mit unserem → Ficken gemeinsam hat.

Weitere beliebte und in Fernsehen und Radio immerfort und inzwischen vollelektronisch überpiepte 4lws sind *dick, cunt, suck, blow* etc. Mitunter trieb diese Kategorisierung seltsame Blüten, wurde doch eine lange Zeit über Verbot oder Veröffentlichung von Büchern nach der Zahl der darin vorkommenden 4lws entschieden. D.H. Lawrence präsentierte anno 1928 seinen bald weltbekannten Literaturskandal in Form des Romans ›Lady Chatterleys Liebhaber‹. In seinem Fall sorgte die 4lw-Quote für dreißig Jahre Index und führte sogar zum Verbot, den Namen des Autors in der BBC zu nennen.

Wohl jeder kennt es aus Tagen kindlicher Welterkundung und loslassen mögen einen diese Reize das Leben lang nicht: Eines der größten Vergnügen der Sprache ist es, mit ihr Entrüstung und Entsetzen hervorzurufen. Kinder so mancher Familien müssen sich auch heute noch – aller neuen Pädagogik zum Trotz – gefallen lassen den Mund mit Kernseife ausgewaschen und »von Schmutzigem gesäubert« zu bekommen. Doch gerade solche Methoden dürften eine Garantie dafür sein, dass jene Wörter herauszuschreien einem solchen Kind sein Leben lang eine große Lust sein wird. Wirklich frei von Restriktionen wird die Sprache vielleicht nie sein. Und wahrscheinlich würde uns dann auch sehr viel fehlen, denn, wie gesagt, nichts lieben wir mehr als das Verbotene.

Frauen

»Ohne Frauen geht es nicht. Das hat sogar Gott einsehen müssen.« *Eleonora Duse*

Frivol

»Dies ist der Grund des vielen Frivolen, was man bei Weibern sieht und zu sehen glaubt: Sie haben der beklatschten Regel nach gar keinen Raum für ihre eigenen Füße, müssen sie nur immer dahin setzen, wo der Mann eben stand, und stehen will; und sehen mit ihren Augen die ganze bewegte Welt, wie etwa einer, der wie ein Baum mit Wurzeln in der Erde verzaubert wäre, jeder Versuch, jeder Wunsch, den unnatürlichen Zustand zu lösen, wird Frivolität genannt; oder noch für strafwürdiges Benehmen gehalten.« *Rahel Varnhagen*

G

Geilomat

Das Wort »geil«, von unseren Großeltern stets noch im botanischen Bereich angewandt für alle Triebe, die da kopflos himmelwärts schießen, ist seit Jahrzehnten in den meisten jugendlichen Sprachsystemen die Ikone des saloppen Hedonismus, des Gutfindens und Wohlfühlens. Über Jugendsprache zu reden kann peinlich sein, denn niemand spricht sie außer jener so genannten Jugend selbst. Stets ist sie situations-, orts- und gesellschaftsabhängig anders ausgebildet. Heute, da man sich vor allem für die starke Kaufkraft der Teenies interessiert, untersucht die Marktwirtschaft jene Sprachbereiche akribisch und versucht sie aktiv mitzugestalten. Eines der wenigen Wörter, die sie jedoch noch nicht vereinnahmen konnte und wollte, ist ebenjenes »geil«, das nach wie vor als umsatzhemmende Unanständigkeit oder zumindest als unberechenbar gilt. Zu oft hat die Bedeutung dieses Dauerbrenners variiert, von Jahrzehnt zu Jahrzehnt, von Klasse zu Klasse. Mal bedeutete er lediglich toll, prima, dufte, mal super und klasse, dann wieder scharf, heiß und sexy. Das Wertgebäude und Nutzenversprechen dieses kleinen Wortes ist so ambivalent geworden, dass es aus dem Rennen der Bewertung fällt.

Seine Herkunft liegt im Übrigen im Mittelhochdeutschen und dort steht es für den Hoden und somit ausschließlich für den männlichen Geschlechtstrieb. Bezeichnet heute irgendein Knabe die Perle auf der anderen Straßenseite als »geile Ische«, unterstellt er ihr also mit dem Adjektiv »geil« nicht etwa nymphomanische Neigungen, sondern schlicht ein Dasein als Hermaphrodit, und auch eingangs erwähnte Botaniker dürften bei den Holunderdamen mit ihren geilen Trieben eigentlich danebenliegen. Wen interessiert dies jedoch, wenn sich ein Wort so renitent und anarchisch in der Alltagssprache durchzusetzen wusste? Auf den Punkt der Abstraktion bringt es die ebenfalls jahrzehntealte Bezeichnung »Geilomat« für alles, was noch geiler ist als geil, geilst oder geilissimo. Der Ausruf »Geilomat, ey!« setzt die Sprachlogik und die Grammatik im Spannungsfeld zwischen technischem Gebilde, automatisch eintretender Geil- oder Gutheit, den Ambivalenzen des Okayfindens oder Ganzklassefühlens vollends außer Kraft ... Geilomat ist die definitive Sprachikone der Popkultur und verdient absolut in den Adelsstand der deutschen Hochsprache übernommen zu werden, mehr als manch anderes »Wort des Jahres«. Geilomat ist einfach geil.

Geld

Bezüglich der Liebe, des Sex und des Glücks gibt es seit jeher zwei grundverschiedene Aussagen: Die einen sprechen von dem Wahren, die anderen von der Ware. Alles auf Erden sei käuflich und nichts mache den Menschen sinnlicher als sein gut gefüllter Beutel: Es ist schwer, diese Ansicht zu widerlegen, auch wenn man anderer Meinung ist. Die Wertformel *young, rich and sexy* feiert in der heutigen hypermedialen Popgesellschaft Hochkonjunktur und wie in jeder Gesellschaft sind Ästhetik, Moral und Recht letztendlich eine Frage des Preises. Mit entsprechendem Einsatz sind Schwächen, Defizite und vergangene Lebensjahre auszugleichen. Der französische Trendautor Michel Houellebecq verrät in einem ›Spiegel‹-Interview: »Geld braucht man vor allem im Alter. Je älter man wird, desto schwieriger wird es, einen Sexualpartner zu finden ohne dafür zu zahlen. Ab einem bestimmten Alter bleibt einem gar nichts anderes mehr übrig als nach Thailand, Bali oder Kuba zu fahren.«

Das Problem des Geldes ist häufig allein sein Fehlen: Woher nehmen, wenn nicht stehlen? Unsere Vorväter vertrauten diesbezüglich einer nicht unsinnlichen Variante, einem legendären Nachtschattengewächs namens Alraune, verwandt mit der südländischen Mandragora. Die tief gespaltene Wurzel dieses Gewächses, schon immer mit der menschlichen Körperform verglichen, gab als Wurzelmännchen einer Vielzahl von Mythen und Aberglauben Gestalt. Während es in Wein eingelegt durch die in ihr enthaltenen halluzinogenen Alkaloide für wilde Enthemmung beim Veitstanz sorgte, sollte das unverzehrte Männlein, oftmals über Generationen weitervererbt, allerlei böse Wesen vom Hause fern halten und für einen beständigen Geldsegen im Hause seines Besitzers sorgen.

Die Wurzel selbst stellte bereits einen gewissen Wert dar, denn sie war nicht einfach zu bekommen. Unter der Bezeichnung »Galgenmännlein« fand man sie gelegentlich an den örtlichen Richtstätten, da sie der Sage nach aus dem Samen spross, den die gehenkten Diebe im Moment ihres Todes ein letztes Mal vergossen. Die Ernte des Männleins war nicht ungefährlich, da es in dem Augenblick, in dem es aus der Erde gezogen wurde, einen fürchterlichen Schrei ausstieß, der den glücklichen Finder auf der Stelle tot umfallen ließ. Doch für alles fand sich schließlich eine Lösung, selbst wenn es gerade niemanden zum Hängen gab: Dem Glauben nach gelang die Aussaat der Alraune auch, indem man sich im Wald völlig entkleidete, in ein Gefäß onanierte und dieses vergrub. Später dann band man den oberen Teil der Pflanze an einen kräftigen Hund, verstopfte sich selbst die Ohren und setzte dem armen Tier ein Kaninchen vor die Nase. Im Laufe der Zeit wurden die Hunde auf diese Weise so selten wie die Gehenkten und so nahm die Mär vom Wurzelmännchen langsam ab. Anfang des 20. Jahrhunderts stellte schließlich auch das Berliner Kaufhaus Wertheim den Alraunenhandel endgültig ein.

Geschlechtlichkeit

»Wie komme ich von der Geschlechtlichkeit los? Durch Reisessen?« *Thomas Mann*

Glas Wasser

Das 20. Jahrhundert hat eine Menge Revolutionen gesehen, von denen jede in ihrem Erfolg oder Misserfolg bezeichnend ist für das gemeinschaftliche Wesen des modernen Menschen. Die meisten Versuche, das Zusammenleben neu zu ordnen, enden im Desaster, was sicherlich kein Grund ist, es nicht immer aufs Neue zu versuchen. Die einzige beständige, zwar immer noch nicht endgültig durchgesetzte, aber gemeinhin akzeptierte Revolution des Industriezeitalters war die der Frau. Eng verbunden war sie mit den Gedanken des Sozialismus und Kommunismus sowie mit einer radikalen Umbewertung der Sexualität. Als im November 1917 die Sowjetunion entstand, setzte eine Frau mehrere Zeichen zugleich: Alexandra Kollontai wurde die erste Ministerin der Welt, zuständig für soziale Fürsorge, und sie schuf mit ihrer Glas-Wasser-Theorie ein stehendes Wort. Sie forderte die sowjetischen Frauen auf, Sexualität nicht mehr innerhalb einer unwahren Liebesbeziehung und nur als Insassin des ehelichen Gefängnisses auszuüben, sondern ungebunden, umstandlos und unromantisch. Der Geschlechtsakt müsse so einfach zu praktizieren sein wie das Trinken eines Glases Wasser. Die »neue Frau« war nach Kollontais Vorstellung ledig, eigenständig erwerbstätig, sozial abgesichert durch Kinderbetreuung und eine staatliche Vaterschaftskasse und natürlich politisch aktiv.

Zum Teil wurde diese in ihrer Nüchternheit drastische Einstellung von der neuen Regierung durchaus geteilt, denn die monogame Ehe war von der sozialistischen Kritik stets als Ort der Ausbeutung erkannt worden. Des Weiteren war man darauf angewiesen, die Frauen in die produktive Arbeit zu integrieren und sie zu politisieren. In vielen Punkten ging man auf Kollontais Forderungen ein: Die Scheidung wurde freigegeben, die Abtreibung für legal erklärt und die Verhütung nicht nur erlaubt, sondern zuweilen sogar empfohlen. Doch genau an diesem Punkt begannen sich die Geister wieder zu scheiden. Man brauchte dringend Nachwuchs für den Aufbau des neuen Landes, man brauchte die Mütter zur Erziehung einsatzfreudiger Söhne – schon allein deshalb konnte man die neuen weiblichen Möglichkeiten nicht bedenkenlos wirksam werden lassen. Dazu kam, dass Sexualität nicht so sehr als wildes Phänomen gesehen wurde, sondern vor allem als Problem, welches es rational zu lösen galt. Der Sex sei der Politik bedingungslos unterzuordnen; sämtliche Fragen seien durch das Entstehen der neuen Gesellschaftsordnung geklärt. Jedwede Diskussion um die Hintergründe und Vorgänge der Sexualität lenke von den Zielen der Revolution ab und sei somit ein gefährlicher Unfug.

Lenin selbst hielt nicht viel von der freien Liebe und verachtete die Psychoanalyse als Gewächs »auf den Mistbeeten der bürgerlichen Gesellschaft«. Clara Zetkins ›Erinnerungen an Lenin‹ dokumentieren seine Tiraden gegen Kollontais Vorstellung: »Die Glas-Wasser-Theorie hat einen Teil unserer Jugend toll gemacht, ganz toll. Sie ist vielen jungen Burschen und Mädchen zum Verhängnis geworden [...] Nun gewiss! Durst will befriedigt sein. Aber wird sich der normale Mensch unter normalen Bedingungen in den Straßenkot legen und aus einer Pfütze trinken? Oder auch nur aus einem Glas, dessen Rand fettig von vielen Lippen ist? [...] Die Zügellosigkeit des sexuellen Lebens ist bürgerlich, ist Verfallserscheinung. Das Proletariat ist eine aufsteigende Klasse. Es braucht nicht den Rausch zur Betäubung oder als Stimulus. [...] Die Revolution fordert Konzentration, Steigerung der Kräfte [...] sie duldet keine orgiastischen Zustände.«

1936 erließ der Oberste Gerichtshof der UDSSR ein Gesetz gegen die Abtreibung und stellte 1944 aus bevölkerungspolitischen Gründen den Wert der Ehe und Familie wieder her. Dem Vatikan dürfte es gefallen haben.

Der neue sowjetische Mann hatte es nicht geschafft, den Status der Frau als Objekt der Begierde aufzuheben. Er hätte sich ebenso begehrenswert machen müssen, hätte es zulassen müssen, sich begehren zu lassen, um beide Seiten des Paares als objektive Menschen zu synchronisieren, die sich gleichermaßen durch ihre ökonomische Situation definieren. Karl Marx hatte einst geschrieben: »Es ist nicht das Bewusstsein der Menschen, das ihr Sein bestimmt, sondern ihr gesellschaftliches Sein bestimmt ihr Bewusstsein.« Dieser Satz steht noch immer – und dabei einem Bewusstsein von der sexuellen Unberechenbarkeit des Menschen nicht zwingend entgegen. Wie kamen wir eigentlich darauf? Ach ja, das Glas Wasser ... vielleicht stattdessen ein Glas Sekt? Natürlich von der Krim.

Godemiché

Sex ohne Partner – an diesem Thema zeigt sich ein weitgehender kulturgeschichtlicher Unterschied der Geschlechter. In der Regel – von den diversen Ausnahmen des sozusagen Normalen einmal abgesehen – meint der Mann noch immer, seine Lust vollkommen und auf Dauer nicht ohne die Vagina einer Frau befriedigen zu können. Jene hingegen weiß schon seit jeher, dass jeder Schwanz als solcher ersetzbar ist. Und sie ist in der Wahl der diesbezüglichen Objekte nicht nur wesentlich fantasievoller, sondern auch ziemlich zufrieden zu stellen. Jenseits des Handbetriebes ist es für die Herren der Schöpfung nicht so einfach, in Ermangelung einer → Vaginette oder anderer fragwürdiger Hilfsobjekte der ehehygienischen Industrie (→ Ehehygiene) eine geeignete Ersatzvulva für ihr Glück zu finden. Die Damen sind hingegen nicht so sehr auf die Konsistenz und andere taktile Eigenschaften ihres Spielzeugs angewiesen; für sie zählt viel eher die geschickte Anwendung. Einen der ältesten bisher bekannten Kunstpenisse fand man bei Harappaa in Pakistan; sein Alter wird auf etwa 6 000 Jahre geschätzt. Zu vermuten ist jedoch, dass es auch wesentlich früher, in vorhistorischer Zeit, bereits entsprechende Objekte gab. Nachgewiesen sind sie rund um die Welt in fast allen Völkern und Gesellschaften. Die kantonesische Rippe in China, das wächserne Gànem auf Bali, die Wurzeln der indischen Haremsdamen, die elastischen Früchte des Orients, die ebenhölzernen Penisse auf Sansibar, die ledernen Kunstglieder aus Afrika, die japanischen Harikatas aus Horn oder Schildpatt – eine Sammlung nur dieser Objekte würde ein ganzes Museum füllen. Auch in Westeuropa wurden sie spätestens seit der italienischen Renaissance immer beliebter. Die italienischen Passatempi und Diletti, mit warmem Wasser gefüllte Phalli aus Glas, verweisen sprachlich auf die heute gebräuchliche Bezeichnung des Dildo; zurückzuführen ist das Wort auf das italienische *dilettare*, erfreuen, amüsieren. Ungerecht wäre nun jedoch, den Mann per se als Dilettanten zu bezeichnen …

Im 16. Jahrhundert etablierte Pierre de Bourdeille, Sieur de Brantôme die Bezeichnung Godemiché – vom lateinischen *Gode mihi*: Es macht mir Freude – für die immer raffinierter gefertigten Glieder, die in Frankreich groß in Mode kamen. Erstmals gab es nun stabil umzuschnallende Modelle mit flexiblem Hodensack. Während die von afrikanischen Völkern her bekannten Spermaersatzstoffe aus Baumharzen und Fetten bestanden, benutzten die Französinnen heiße Milch und konnten nun regelrechte Ejakulationen imitieren. Der Godemiché avancierte schnell zum unverzichtbaren Objekt der sinnesfreudigen Gesellschaft und der entsprechenden Literatur. Auf die unglückliche Königin Marie-Antoinette, die noch sieben Jahre nach ihrer Hochzeit mit dem an einer Vorhautverwachsung leidenden und die Operation scheuenden Ludwig XVI. auf die Hochzeitsnacht warten musste, erschien 1789 eine anonyme Satire: ›Le Godemiché royal‹. Die Regentin hatte ihren ehelichen Frust freilich bei allen erdenklichen Gelegenheiten zu kompensieren versucht und von diesen gab es im Paris jener Tage, in dem auf 670 000 Einwohner immerhin 30 000 Prostituierte kamen, nicht wenige. Auf den zahlreichen Maskenbällen in einem der 600 Ballhäuser trug man zum kollektiven Höhepunkt der Party kaum mehr als eben eine Maske – und manchmal einen Godemiché.

Später, im 19. Jahrhundert, strömte das selber enthaltsam bleibende Publikum in die *Maisons voyeuses*, auf deren Bühnen die Freuden des Geschlechtsverkehrs vorgeführt wurden. Die männlichen Darsteller waren trotz hoher Bezahlung nur begrenzt leistungsfähig; meist spielten deshalb Mädchen mit einem Godemiché diesen Part, was die Zuschauer rückhaltlos akzeptierten, zuweilen sogar vorzogen. Mitunter gab es auch janusköpfige, also zweischwänzige Varianten für das lesbische Vergnügen. Auch in Deutschland setzte sich das Lust spendende Instrument mit der Zeit durch; der Volksmund gab ihm zärtliche Namen wie Seemannsliebchen, Witwentröster, Goderl – wobei Gode der Pate ist – und, nach Erreichen des industriellen Zeitalters, Gummipeter. Der neue Werkstoff machte das Spielzeug flexibel, »gefühlsecht« und detailgetreu. Im Gegensatz zum medizinisch funktionalisierten → Vibrator hat es sich nie seines Zweckes geschämt.

G-Punkt

In den siebziger Jahren war von ihm erstmals gerüchteweise zu hören. Anfang der Achtziger wurde es dann massenmedial offiziell: Der G-Punkt war entdeckt, der Graefenberg-Spot, das Amerika unter den zu erforschenden Kontinenten in den Weiten weiblicher Körperwelt. Die Lust ist eine Scheibe, wie man damals noch dachte, an deren Rändern angelangt man Gefahr läuft, unter der Aufsicht fürchterlicher Geister, Seeungeheuer und Dämonen ins Nirgendwo zu stürzen. Zumindest einige Menschen wissen es heute besser, und dies nicht zuletzt durch so emsige Gelehrte wie jenen ominösen Gynäkologen Dr. Ernest Graefenberg.

Konkret bezeichnet der G-Punkt einen hoch empfindlichen Bereich im ersten Drittel der Vagina, der bei gezielter Stimulation anschwellen und eine besonders starke Erregung hervorrufen kann. Er soll etwa fünf bis zehn Zentimeter von der Öffnung entfernt an der bauchwärts gewandten Scheidenwand liegen, unmittelbar hinter dem Schambein, und ist etwa einen Euro groß. Gereizt wird er durch sanfte Reibung und leichten Druck, gerne auch durch die Zunge, so sie denn lang genug ist, um ihn zu erreichen. Angeblich steht der G-Punkt in unmittelbarem

Zusammenhang mit der so genannten weiblichen Ejakulation, deren Zustandekommen und Definition noch nicht vollends geklärt zu sein scheint – ein weiteres Mysterium der sich ansonsten so allwissend wähnenden, zum Mond und Mars fliegenden Menschheit und Zeugnis der jahrhundertelangen Missachtung femininer Lust. Der Erguss der Frau – unabhängig von der Scheidensekretion – wird heute für ein Produkt der Drüsen im Prostata-Gewebe rund um die Harnröhre gehalten, der aus der Harnröhre durch die nachdrückliche Stimulation ebenjenes G-Punktes austritt. Und doch ist auch jener Mechanismus nicht der sehnlich erwartete Garant für einen zumindest orgasmusähnlichen weiblichen Höhepunkt, denn es soll Frauen geben, bei denen der Wunderknopf nicht funktioniert.

Des Weiteren wäre da noch der P-Punkt, eine vergleichsweise langweilige Einrichtung bei Mann und Frau zwischen Hoden beziehungsweise Scheide und Anus; man kann ihn drücken, reiben und kneten, im Ergebnis bis zur Prostata spürbar. All dies ist jedoch nicht zu verwechseln mit dem heute so fleißig umworbenen T-Punkt …

Gruppensex

siehe → Ringelpiez

Hasenpfote

In den siebziger Jahren gehörten sie zum Alltagsbild, die älteren Damen, die auf der Straße den Jungs auf die in stramme Jeans verpackten Weichteile schauten und in verzückter Empörung die Köpfe schüttelten. Doch die Jugend von heute liebte schon immer damit zu spielen und die möglichst zeigefreudige Verpackung der Genitalien hat eine menschheitsalte Tradition. Bis zum ausgehenden Mittelalter gab es nicht die Hose in heutigem Sinn, sondern eine Art Unterhose, die bis zum Knie gehende Bruche, und die Unterschenkelstrümpfe namens Hosa. Im Verlauf des Mittelalters war nun die Bruche immer kürzer und kleiner geworden, bis sie schließlich nur noch die stoffliche Wenigkeit eines heutigen Tangas hatte. Die Hosa hingegen wanderte zwar immer höher hinauf, bedeckte aber höchstens die Oberschenkel. Die Genitalien traten also deutlich ins Bild, wurden jedoch vorerst noch von der Oberbekleidung verdeckt. Anfang des 14. Jahrhunderts änderte sich die Mode; Mini war angesagt, die Wämse reichten nur noch bis zum Nabel und die edlen Teile der trendbewussten Gecken zogen plötzlich alle Blicke auf sich. Verschnürt wurden sie zudem in nach oben gerichteter Form, was schließlich – und angeblich nicht zuletzt durch das sprunghafte Ansteigen homoerotischer Neigungen – zu derart großer Aufregung führte, dass man nicht umhinkam, zuerst in Italien und dann auch in anderen Ländern Europas eine Schambereichs-Bedeckungspflicht einzuführen. Die Schneider verfielen nun darauf, die beiden Strumpfhosenbeine oben zusammenzunähen; die »ganczen hosen« waren geboren.

Die Bruche wurde wieder größer, und um genital dennoch beweglich zu sein, integrierte man einen knöpfbaren Hosenlatz. Dieser wiederum war so auffallend geformt und wurde zudem aus Imponiergehabe zuweilen kräftig ausgestopft, dass das Ziel der Bedeckung zur Ruhigstellung der Gemüter offensichtlich weit verfehlt war. Bis zum Beginn des 16. Jahrhunderts wurden die Schambeutel immer größer ausstaffiert, bis sie sich zu übergroßen, innen wattierten runden oder länglichen Kapseln entwickelt hatten, die eine ständige Erektion vortäuschten. Die Anstandskampagnen der Verwaltungen waren also gründlich danebengegangen; weite Kreise der Bevölkerung empörten sich über die neue Gliedmode, die vor allem von jungen Männern, Landsknechten und Herrschern getragen wurde. Zudem benutzte man das Bekleidungsstück praktischerweise als Geldbörse, was dazu führte, dass man in der Öffentlichkeit ständig darin herumwühlen musste, um an die Münzen zu gelangen. Im 17. Jahrhundert verschwand die Braguette genannte »Schamkapsel« schließlich, doch schon bald wurden die nun modernen einteiligen gestrickten oder gewirkten Kulotten so eng und ohne langes Wams getragen, dass erneut die Aufregung kein Ende nahm. Vor allem im sexuell ausschweifenden Frankreich des 18. Jahrhunderts trug der Herr von Welt sein Geschlecht auf diese Weise bestens sichtbar vor sich her, nicht ohne sich der Form halber über die unzüchtige Damenmode heftig zu echauffieren. Jedes Detail zeichnete sich in seiner Hose genauestens ab, und wer seiner und der allgemeinen Meinung nach nur unzureichend ausgestattet war, musste eben ein wenig nachhelfen. Die Hasenpfote eignete sich anatomisch hervorragend zur Imitation eines strammen Gliedes und das Tierchen selbst hatte symbolisch schließlich auch einen gewissen Ruf.

Die vergangenen beiden Jahrhunderte verliefen gegenüber jener Zeit recht friedlich. Die Beinkleider wurden immer zweckmäßiger, die Schnitte verlegten ihre Attraktion eher auf sichtneutrale Eleganz. In den sechziger Jahren des 20. Jahrhunderts wurde schließlich die Jeans zum definitiven Modeartikel der Jugend und passend zur Stimmung der Zeit wollte mann wieder zeigen, was er hatte. Von nun an waren auch die Hosen erneut sehr gefragt. Seither trat jedoch, schnittbedingt, ein neues Problem ans Licht: Trägt er links oder rechts? Heute aktuelle Umfragen zeigen Unschlüssigkeit: Nach links tendieren 36 Prozent, nach rechts 18 Prozent. Der Rest entscheidet sich nach Wetterlage, Börsenkurs oder eben nach der Pfote. Und bei den aktuellen Buxen, deren Schritt sich ungefähr auf Wadenhöhe befindet, ist sowieso alles egal; man könnte einen ganzen Hasen mit hineinnehmen und sähe ihn nicht.

Hentai

In Japan genießt die Comic-Kultur ein enorm hohes Ansehen. Nirgendwo sonst werden mehr Zeichentrickfilme produziert, nirgendwo ist der Hype um die zum Teil telefonbuchdicken Comic-Hefte größer. Als *Manga* und *Anime* sind manche Produktionen inzwischen in der ganzen Welt bekannt. Das System ist einfach: Eine Geschichte erscheint zuerst als *Manga*, als einfacher Comic-Strip. Ist der erfolgreich, wird die Story mit Dutzenden anderen von verschiedenen Autoren in ein *Tomabukan* aufgenommen, wie die beeindruckend dicken Sammelhefte genannt werden. Hat sie auch dort Bestand, werden eigene Hefte und Bücher aus der Geschichte entwickelt; die erfolgreichsten werden letztlich als *Anime* zu Filmen animiert. Die Vermarktung ist also ziemlich lückenlos, und das unabhängig davon, ob sich das Werk an Kinder oder an Erwachsene richtet. Die Grenzen scheinen fließend zu verlaufen.

Pornografische Comics werden als *Hentai* bezeichnet, was so viel bedeutet wie »pervers«. Durchaus erstaunlich für den Landesunkundigen ist vor allem deren sorgloses Herzeigen in der Öffentlichkeit, bereits um sieben Uhr morgens in allen Verkehrsmitteln, auf Plätzen, in Büros – Hardcore, wohin man blickt. Allerdings mit Einschränkung: Die Schamgrenze für den öffentlichen Raum ist in Japan identisch mit der Schamhaargrenze; Geschlechtsteile und ihre bewachsene Umgebung werden aber nicht etwa nicht gezeigt, sondern oftmals einfach unscharf dargestellt oder überbalkt. Rings um die zensierte Zone ist alles frei; die Glieder winden sich ineinander, Körpersäfte fließen im Übermaß. Das Verbot der Schamhaare führt auch zu einer merkwürdigen Eigenart der Hentais, um jede Haaresbreite erlaubten Körpers zu kämpfen, indem man die Protagonisten oftmals einfach jünger und dementsprechend unbehaart sein lässt. Auf diese Weise entsteht der ganz spezielle Mangakult um so genannte Lolitas und kleine Jungs, der mit sonstiger Kinderpornografie sicher nicht direkt vergleichbar, aber faktisch natürlich nichts anderes ist. In Japan hat dieses Phänomen der künstlichen Infantilisierung inzwischen auch in der Mode und in den gesamten Lifestyle Einzug gehalten.

Japanische *Mangas, Animes* und *Hentais* haben in den letzten zwei Jahrzehnten weltweit eine immer größer werdende Fangemeinde entwickelt und prägen so manches globale Trendphänomen.

Auch die *Pokémons* folgen diesem speziellen Zeichenstil und der komplexen Vermarktungsstrategie. So mag es nicht verwundern, dass auf entsprechenden Sexcomic-Seiten des Internets auch *Pokémon-Hentais* nicht mehr selten sind. Wie in der Wirklichkeit der Gameboys und Sammelkarten sind der Fantasie dabei kaum Grenzen gesetzt.

Herz

»Mein Herz will das deine schauen,
Drum such ich es da, wo du offen bist.«
Daniel Casper von Lohenstein

Hexenschuss

Eigentlich müsste er heute, in schnelllebig verspannter Zeit, viel häufiger anzutreffen sein, doch liegt es vielleicht an dem derzeitigen Trend der Jugendlichkeit vortäuschenden Körperertüchtigung in den Fitnessstudios des Landes, dass man nicht über ihn spricht, um sich nicht lächerlich zu machen: Der Hexenschuss als Kreuz- oder Lendenschmerz rafft jeden von uns irgendwann einmal dahin und lässt uns auf Tage bucklig verkrümmt durch die Wohnung schleichen, unfähig selbst die Wanne mit dem Moorbad zu besteigen. Derlei Anfälligkeiten und Schwächen werden nur ungern kommuniziert, und traut sich doch ein Betroffener damit an die Öffentlichkeit, erntet er mitfühlend spontan schmerzverzerrte Gesichter und jede Menge Spott.

Das Wort entstammt dem Frühneuhochdeutschen, beruht aber auf einer um einiges älteren Grundlage. Im Altenglischen findet sich das *haegtessan gescot* oder *ylfa gescot*, Elfengeschoss, und im heutigen Englisch vergleichbar der *elf-arrow, elfflint* und *elfbolt*, der Elfenschuss. Die meist dem Teufel hörigen Hexen leben seit alters her in Hecken, im Hag; sie reiten auf Zäunen und Dachfirsten. Ihr stets auch mit sexueller Symbolik behaftetes Handwerk verrichten sie außerhalb des Gehöfts, das meist durch allerlei Alltagszauberwerk vor ihnen geschützt ist. Haben sie nun keinen direkten Zugriff auf den Menschen, müssen sie ihren Zauber anderweitig an den Mann bringen, das heißt: Sie schießen ihn. Dabei ist diesen Zauberschüssen generell zu Eigen, dass sie stets ihr Ziel erreichen, auch über große Entfernung oder außerhalb der Sichtbarkeit. Irgendwo in diesem enorm großen Komplex der Etymologie und des jahrtausendealten Aberglaubens finden sich immer Spuren für fast jede menschliche Erkrankung und so ist es auch mit dem Hexenschuss. Oft wird der Vorfall damit erklärt, dass das Nachtvolk dem Wanderer in der Dunkelheit ein Beil in den Rücken schlägt, oder auch mit einer Art Voodoo mit Hilfe einer bekleideten Vogelleiche, die durchstochen und vergraben wird. Eine herkömmliche Ableitung des Vorfalls findet sich aber in der Annahme, dass sich in der schmerzhaften Nervenverklemmung eine sexuelle Begehrlichkeit entlädt, die man vor der Außenwelt verbirgt. Diese kann allgemeiner Art sein, aber auch konkrete Personen im unmittelbaren Umfeld betreffen, deren Attraktion man erliegt ohne es äußern zu wollen. Der Hexenschuss ist sozusagen Rheumatismus aus Leidenschaft …

Homosexualität

»Homosexualität ist die Erfindung einer heterosexuellen Welt, die mit ihrer eigenen Bisexualität klarzukommen versucht.« *Kate Millet*

Hundertfünfundsiebziger

Vor vielleicht zwanzig Jahren war sie noch oft zu hören und auch heute begegnet sie einem immer wieder mal: die Behauptung, dieser und jener männliche Mitmensch sei ein Hundertfünfundsiebziger, oder die bange Frage älterer Verwandter, ob man etwa am 17. Mai geboren sei. Schaut man daraufhin fragend aus der Wäsche, atmen jene erleichtert auf, denn offenbar ist man es nicht. Das Datum 17. 5. umschreibt verschämt die so genannten Schwulenparagrafen, die Paragrafen 175, 175 a und 175 b, die seit dem Jahr 1871 im Strafgesetzbuch des Deutschen Reiches und im nachfolgenden StGB die »Unzucht zwischen Männern« und zugleich die »widernatürliche Unzucht zwischen Mensch und Tier« regelten, all jene Handlungen, die in der Vergangenheit zusammenfassend als → Sodomie bezeichnet wurden.

Die Verfolgungsgeschichte jener Handlungen ist lang; bereits im 3. Buch Mose 20, 13 und 15 steht geschrieben: »Wenn jemand beim Knaben schläft wie beim Weibe, die haben einen Gräuel getan und sollen beide des Todes sterben; ihr Blut sei auf ihnen.« Und: »Wenn jemand beim Vieh liegt, der soll des Todes sterben, und das Vieh soll man erwürgen.« Verbunden mit dem Ursprung der Sagen um die Städte Sodom und Gomorrha im 1. Buch Mose 19, 4 entwickelte sich im Laufe der Zeit der Begriff der Sodomiterey, der »abscheulichen Sünde«, die zeitweise auch den weiblichen gleichgeschlechtlichen Verkehr umfasste. Über viele Jahrhunderte riskierte, wer im christlichen Einflussgebiet tat, »was für züchtig Ohren nicht zu hören geziemet«, schwerste Strafen bis zum Feuertod. Erst Friedrich der Große, selbst der gleichgeschlechtlichen Liebe zugetan, führte als höchstes Strafmaß die Kerkerhaft ein.

So verallgemeinernd der Begriff Sodomie war, so unklar waren von Zeit zu Zeit auch die darin versammelten detaillierten Straftatbestände und deren Benennung. Erstmals prägte im Jahr 1869 der ungarische Arzt Karl Maria Benkert unter dem Pseudonym Kertenby mit der »Homosexualität« einen dauerhaften, in sich wertfreien Begriff für die namenlose Liebe (→ Liebe, Die namenlose), die gleichgeschlechtliche »Unzucht«. Er leitete das Wort vom griechischen *homos* ab, das für »gleich« steht. Mutig für seine Zeit forderte er den preußischen Justizminister auf, das sich darauf beziehende Gesetz abzuschaffen, da es sich bei dem Phänomen der homosexuellen Orientierung um einen angeborenen und nicht kontrollierbaren beziehungsweise willentlich veränderbaren Zustand handele. Mit der Gründung des Deutschen Reiches wurde jedoch der berüchtigte Schwulenparagraf 175 im Strafgesetzbuch installiert. Die Paragrafen 175 und 175 a regelten das Verbot der männlichen Homosexualität, 175 b betraf den Verkehr mit Tieren; zusammengefasst wurden die Vergehen wie eh und je aufgrund ihrer angenommenen körperlichen Gemeinsamkeit des analen Verkehrs.

Die Aufklärung ging nur schleppend voran: Ab 1896 organisierten sich Homosexuelle im WHK, dem »Wissenschaftlich humanitären Komitee«, und leisteten eine beständige Arbeit. Fast hatten sie im Jahr 1929 den Reichstagsausschuss so weit, über die Streichung des Unrechtsparagrafen abzustimmen, da wendete sich mal wieder das Blatt; der Reichstag war funktionsunfähig. Kurz darauf kamen die Nationalsozialisten an die Macht. Der Paragraf 175 wurde 1935 im Zuge der Nürnberger Rassengesetze erheblich verschärft; kein Homosexueller war sich seines Lebens mehr sicher. Viele Tausende starben. Nach dem Dritten Reich erfolgte weder eine Rehabilitierung noch eine Entschädigung. Der Paragraf wurde noch nicht einmal in seine vorfaschistische Fassung zurückversetzt; 1956 und in den Folgejahren entschied der Bundesgerichtshof, jene Verschärfung sei kein Bestandteil genuin nationalsozialistischen Gedankengutes gewesen. In gewisser Weise stimmte diese skandalöse Beurteilung sogar, zeugte sie doch von der generellen schwulenfeindlichen und menschenverachtenden Stimmung unserer »Kultur«. Der damals nach wie vor schwelende jahrhundertealte Streit um die Unterscheidung »beischlafähnlicher« und anderer »widernatürlicher« Handlungen stellt darin nur ein absurdes Detail dar: Noch die Reformwilligen formulierten 1960 in der Bundestagsdrucksache Nr. 2150: »Die unmittelbare Nachahmung des natürlichen Beischlafs gibt der gleichgeschlechtlichen Handlung ein besonderes Gewicht und lässt sie als so verwerflich erscheinen, dass mindestens durch sie die Strafbarkeit begründet werden kann.« Während in den Nachbarländern Dänemark, den Niederlanden, Schweden und der Schweiz die Homosexualität bereits generell straffrei war, blieb hierzulande lediglich die lesbische Liebe bei aller gesellschaftlichen Ächtung ohne rechtliche Verfolgung.

Erst am 1. September 1969, nach Eintritt der SPD in die Große Koalition, wurde eine Strafrechtsreform realisiert, die erwachsenen Männern über 21 Jahren nicht mehr verbot miteinander zu verkehren. Unterhalb der Altersgrenze galten Freiheitsstrafen von bis zu fünf Jahren. 1973 schließlich wurde das Alter auf 18 Jahre gesenkt und endlich fiel auch der unwürdige Begriff der Unzucht fort. Der »Schwulenparagraf« existierte als solcher jedoch weiter. Die DDR machte es uns 1989 vor und strich den äquivalenten Paragrafen 151. Erst fünf Jahre später, 1994, wurde der Paragraf 175 ersatzlos gestrichen; seither schützt der Paragraf 182 Jugendliche unter 16 Jahren vor sexuellem Missbrauch. Bis heute jedoch ist die Zahl 175 ein Stichwort, das die ältere Generation aufhorchen lässt.

Hysterie

Die Hysterie ist einer der verkanntesten Begriffe unserer Kulturgeschichte, denn sie hat im neuzeitlichen Drama des Geschlechter-Verhältnisses eine Schlüsselrolle gespielt. Ihre zahlreichen Auslegungen sind bis heute so brisant, dass sich die Herren der Schöpfung eigentlich alleine deswegen in Grund und Boden zu schämen hätten. Dabei hatte alles ganz einfach begonnen – dort, wo unser aller Leben beginnt: *hystéra* heißt im Griechischen schlicht Gebärmutter, Mutterleib. Das lateinische *hystericus* bedeutete folglich: die Gebärmutter betreffend. Nimmt man nun den Eintrag des Dudens aus dem Jahr 2000 hinzu, der die Hysterie in der heute allgemein gültigen Deutung als psychogene körperliche Störung, nervöse Aufgeregtheit und Überspanntheit erläutert, entfaltet sich auf einen Blick das ganze zwischenmenschliche Dilemma der vergangenen Jahrhunderte, das auch ein Zitat von Hildegard Knef trefflich spiegelt: »Brüllt ein Mann, ist er dynamisch; brüllt eine Frau, ist sie hysterisch.« Noch in den sechziger Jahren entzog sich der ansonsten so aufklärerische Ernest Borneman in seinem ›Lexikon der Liebe‹ der fälligen Korrektur, indem er in seinem Werk lediglich das Stichwort »Hysteromanie« als Gebärmutterwahn im Zusammenhang mit Nymphomanie erläuterte.

Aus den heutigen Wörterbüchern zur Sexualität ist die Hysterie verschwunden, das Hymen schließt den Buchstaben ab. Im allgemeinen Verständnis hingegen ist der Kern zwischenzeitlicher Fehldeutung immer noch präsent und der Sprung zur geschlechtsneutralen Deutung des Dudens noch nicht geschafft: Hysterische Männer gibt es nicht. Die Hysterie ist eine Krankheit der Frau, die auf der Annahme beruht, die weiblichen Geschlechtsorgane dienten nicht allein dem Kinderkriegen. Das größte Schlachtfeld dieser über Jahrhunderte von der Kirche vehement bis zur Todsünde aufgebauten Verspannung war wohl die an Prüderie kaum zu übertreffende bürgerliche Kultur des 19. Jahrhunderts. Deren Drang zur technischen Bewältigung aller Probleme ließ das Hysterieverständnis skurrile Blüten treiben.

Als das Problem galt die Frau an sich, denn sie war vom Herrn aller Dinge als nichtsexuelle Gebärmaschine entwickelt worden. Die Lust sah man abseits aller gegenseitigen Sinnenfreude allein in der Penetration zum Zwecke des männlichen Orgasmus. Bekam die Dame doch einmal selbst gewisse Empfindungen und revoltierte damit gegen ihre zweitrangige Rolle, hatte man dies umgehend medizinisch zu »behandeln«. Die Therapie war so einfach wie schweißtreibend: Der Onkel Doktor »untersuchte« die Vagina so lange mit seinen geschickten Fingern, bis bei der Patientin mit dem »hysterischen Paroxismus« eine Art medizinisch abgesegnete Entspannung eintrat, die ihre Laune deutlich verbesserte. Dieses als Orgasmus zu akzeptieren wäre jedoch ein grober Verstoß gegen die herrschende Moral gewesen. Die Vorgänge in den Arztpraxen – ein Motiv der so geliebten Arztromane und nachzulesen etwa in Jens Bjoerneboes ›Nackt im Hemd‹ – waren natürlich reicher Nährboden für die männlich erotische Literatur. Doch zu tatsächlichem Geschlechtsverkehr dürften selbst die virilsten Ärzte aufgrund der übervollen Wartezimmer nur bei ausgesuchten Patientinnen geschritten sein.

Die Erfindung des ersten dampfbetriebenen → Vibrators im Jahre 1869 war ein großer Schritt in Richtung Rationalisierung des Gesundheitswesens. Die Behandlung dauerte nun nicht mehr bis zu einer Stunde, sondern zehn Minuten. Einige moderne Ärzte eröffneten regelrechte *operating theatres*, fertigten die Frauen in Serie ab und verdienten sehr befriedigendes Geld. Der Fortschritt geht manchmal seltsame Wege: Ausgerechnet jenes Instrument eines höchst frauenfeindlichen Apparates leistete erhebliche Dienste in der Etablierung selbstverständlicher, autonomer weiblicher Lust. Im Jahr 1952 sprach der Verband amerikanischer Psychiater der Bezeichnung Hysterie endlich die pauschale Kennzeichnung als Frauenkrankheit ab.

IJ

Illegal

»Alles Schöne im Leben hat einen Haken: Es ist unmoralisch, illegal oder es macht dick.« *Mae West*

Jack-off

Blättert man durch die Seiten großstädtischer Szenemagazine, begegnen einem seit einigen Jahren immer öfter Ankündigungen zu so genannten Jack-off-Partys. Bevor man sich nun ausgehfein macht, sei es angeraten, sich kurz Aufklärung zu verschaffen. Der *jack* ist im Englischen kurz der Kerl, Bursche und Tagelöhner, und das *off* steht nicht etwa dafür, dass jener draußen bleiben muss und es sich etwa um einen Frauenschwoof handelt. Im Gegenteil: *jack* heißt auch aufbocken, anfeuern, in die Höhe treiben, und das kommt dem Geheimnis schon näher. *To jack off* bedeutet kurzum die Manipulation der männlichen Genitalien bis zum In-Erscheinung-Treten des Ejakulats oder auch, in entsprechend deutschem Slang: wichsen, rubbeln, pumpen, sich einen hochziehen, abschütteln, von der Palme rütteln und dergleichen mehr. Und eben nichts anderes tut man auf den so bezeichneten Partys der schwulen Subkultur, alleine, gegenseitig oder in der Gruppe, bekleidet oder nackt, aus unmittelbarer Obsession oder auch nur als Variante des Safer Sex in Zeiten der HIV-Infektionsgefahr. Man kennt sich, versteckt sich nicht voreinander in der Anonymität und will schließlich auch etwas sehen, demzufolge die Handlungen nicht in der Dunkelheit eines ansonsten für

→ Quickies oft bevorzugten Darkrooms stattfinden, sondern in ein angemessenes Licht gesetzt werden.

Die Veranstalter gehen umher, verteilen Taschen- und Handtücher und kontrollieren das Geschehen, denn Anal- und Oralverkehr sind normalerweise bei diesen Anlässen nicht gestattet und das Einhalten der Regeln wird relativ streng befolgt. So sucht man auch das legendäre Schuljungenspiel des → Kekswichsens hier vergebens. So manchem Jack mag allerdings genau diese Gewissheit, dass nichts passieren wird, was man nicht vorher weiß, ein wenig gegen den Strich gehen. Jack-off-Partys sind keine Under-Cover-Abenteuer, sondern ein Zeichen des neuen schwulen Establishments. Ein wenig wie bei Muttern ... Sollten Sie nun eines Nachts in dunkler Gasse von einem hübschen Knaben bezüglich eines *jack up* angegangen werden, dann öffnen Sie nicht gleich den Gürtel, denn hier ist etwas anderes gemeint: der schlichte Straßenraub.

Jazz

Pop, Rock und Jazz sind die hauptsächlichen Säulen der modernen Unterhaltungsmusik. Was genau sich dahinter verbirgt, entzieht sich der schnellen Definition. Am schwierigsten dürfte es wohl bei der kleinsten Gattung sein, dem Jazz: Seit Anfang des 20. Jahrhunderts bringt er seine Fans mit immer neuen Stilen in Schwung, und ohne seine Einflüsse auf die unterhaltende und ernste Musik wären jene Landschaften heute nicht so vielfältig und fruchtbar. Steht in manchem Populärlexikon unter diesem Stichwort noch immer nur »billige Tanzmusik«, sind dort auch eher zutreffende allgemeine Übersetzungen zu finden, unter anderem: Schwung, Schwindel, Unsinn, stürmisch, turbulent, grell, ungehemmt, beschleunigen, übertreiben, auf die Tube drücken …

Die sprachliche Herkunft gilt in der Regel als ungeklärt; ins Feld geführt werden verschiedenste Motive, von denen der Bajazzo, also der Hanswurst, der Narr, so unwahrscheinlich wie – in positivem Sinn – inhaltlich nahe liegend ist. Die ursprüngliche Bedeutung des Wortes findet sich in mehreren westafrikanischen Sprachen und meint die Ausübung des Geschlechtsverkehrs. Somit stand es auch in der Umgangssprache der farbigen amerikanischen Bevölkerung bis in die dreißiger Jahre hinein für den Koitus und wurde allmählich von der Musik adaptiert. Erstmals traute sich kurz nach 1910 die »Original Dixieland Jass Band« das Wort in den Namen aufzunehmen und bekam natürlich prompt Auftrittsverbote wegen Erregung öffentlichen Ärgernisses. Der Begriff setzte sich jedoch schnell durch und steht seither symbolisch für die Formen synkopischer Musik und deren ungebremstes subversives Potenzial. Jenes hatte sich vor allem in Deutschland seit den dreißiger Jahren zu behaupten; die Jazzer und Swinger, verboten und heimlich doch gehört, stellten eine weniger strikt politische als eher vergnügungsbewusste Opposition. Noch lange nach dem Krieg galt der Jazz bei uns als »Negermusik«, bis er sich in den fünfziger und sechziger Jahren diversifiziert auch im deutschen Alltag niederließ. Unberechenbar war von nun an am ehesten die neue Variante des Free Jazz, der einherging mit den Stimmungen der freien Liebe, der sexuellen Revolution.

Im amerikanischen Straßenslang ist noch heute die sexuelle Bedeutung des Wortes alltäglich; verständlich, denn das Wort an sich beflügelt beide Bedeutungen, nicht zuletzt durch die eigentlich bremsende, phonetisch jedoch eher beschleunigende Dopplung des z, einer der drei spannenden Buchstaben am Ende des Alphabetes, die in den mathematischen Gleichungen seit Descartes auch als Unbekannte gelten: x, y, z. Geschlechtliche Lust, Ausgelassenheit, Narrheit und das große Unbekannte: Der Jazz steht symbolisch für die zentralen Themen unseres Daseins und so lässt sich frei nach Joseph Beuys durchaus behaupten: Jeder Mensch ist ein Jazzer.

Jungfrau

»Wie eine Jungfrau unter Männern erscheint, so tritt die Elbe schlank und klar unter die Felsen, leise, mit schüchternem Wanken naht sie sich, das rohe Geschlecht drängt sich, ihr den Weg versperrend, um sie herum, der glänzend reinen ins Antlitz zu schauen, sie aber, ohne zu harren, windet sich flüchtig, errötend hindurch.«

Heinrich von Kleist

K

Kalter Bauer

Hinter dem heute etwas aus der Mode gekommenen, aber immer noch gelegentlich auftauchenden – und meist fragende Gesichter verursachenden – Begriff des kalten Bauern verbirgt sich, wie sich schon anhand des Wortcharakters vermuten lässt, etwas sehr Profanes: eingetrocknetes Sperma auf Kleidung, Körper oder Bettwäsche. Der Kontakt der Mütter zu jenen Spuren lässt sich kaum vermeiden. Jener nächtliche, unwillkürliche Samenerguss, der meist mit erotischen Träumen verbunden und fälschlicherweise oft ausschließlich der sexuell noch nicht aktiven Jugend zugeschrieben ist, wird heute in den meisten Kreisen selbstverständlich hingenommen, was noch vor nicht langer Zeit anders war: Man bewertete diesen Umstand als krankhafte Unreinheit – gemäß der französischen Bedeutung des Wortes als Umweltverschmutzung – und versuchte ihn mittels kalter Umschläge und Züchtigungen zu unterbinden. Es bestand nie die neutrale Möglichkeit der Pollution, sondern stets deren Gefahr. Gemeinsam mit dem negativen Ruf der Masturbation sorgte diese Selbstbefleckung bei Millionen von Jungs und Männern für ein fortdauerndes schlechtes Gewissen und für so manchen Komplex. Noch heute ist die Peinlichkeit von Spermaflecken selbst im privatesten Rahmen enorm. Auf der Bekleidung in der Öffentlichkeit auftretend, bezeichnet man den kalten Bauern umgangssprachlich auch als Sport- oder Hobbyflecken; als Fauxpas stehen diese noch weit über dem legendären Eigelb auf dem Schlips.

Karezza

Die Karezza oder auch Carezza ist eine heute rar gewordene, besondere Art der Vereinigung: ein lang währender geschlechtlicher Kontakt ohne Orgasmus und Ejakulation. Der Penis wird in die Scheide eingeführt und bleibt bewegungslos, während die Partner durch innere Versenkung den Geist und den Körper in den Hintergrund des Geschehens treten lassen. Der ideologische Ursprung dieses entbehrungsreichen Aktes liegt in der Abwehr des Sexualtriebes, indem man ihm äußerlich ein Stück weit nachgibt. Der Gedanke entspringt dem auch heute noch in vielen Glaubensgemeinschaften vorhandenen Grundsatz, der Samenerguss sei ausschließlich zum Zwecke der Kindeserzeugung gestattet und der Orgasmus ein dafür notwendiges Übel; die Karezza hingegen sei eine reine, von sinnlicher Lust weitgehend befreite Vereinigung. Die ganze Angelegenheit erscheint ein wenig paradox, ganz wie ihre ebenfalls gebräuchliche Bezeichnung als Coitus reservatus: Ist ein Beischlaf, dessen Höhepunkt vermieden wird, ein solcher? Nicht nur in philosophischer Hinsicht erscheint all dies sehr fraglich; der Mensch hat die Rechnung ohne den Menschen gemacht, denn als ein solcher ist er nicht perfekt. Die Natur hat es so eingerichtet, dass die Karezza als Methode der Geburtenregelung selbst bei strengster Disziplin recht unbrauchbar ist. Auch gesundheitlich ist die Enthaltung, lateinisch *carentia*, nicht unbedenklich, denn jede sexuelle Spannung will letztendlich aufgelöst werden. Allerdings ist die Natur wirklich unberechenbar und nicht voreilig zu betrachten, denn einige Frauen gelangen gerade und nur durch die

Praktik der Karezza zu multiplen Orgasmen. Dann allerdings gehört das Ganze bereits in den Bereich des Liebesspiels. Dort finden sich auch manch andere Methoden, die eine mögliche Lust der Einschränkung und Konzentration gewähren ohne sexualfeindlich zu sein. Dazu gehören Techniken zur Erlangung multipler Höhepunkte und der Orgasmen ohne Ejakulation.

Vor allem für den Mann werden Orgasmus und Ejakulation immer noch zusammengedacht, was absolut nicht korrekt ist. Sehr viele Männer haben reihenweise Ergüsse ohne zu wissen, was ein richtiger Orgasmus ist. Bei den Frauen taucht dasselbe Phänomen auf, nur andersherum: Man weiß, dass sie oftmals nicht zum Orgasmus kommen, und ihr Erguss ist vielen Männern gänzlich unbekannt. Wie auch immer: Die Selbstversuche zur Trennung von Flüssigkeiten und Emotionen mögen eine Erweiterung des Sexuallebens sein. Die Karezza kann dabei als Übung dienen. Ob sie jedoch tatsächlich das Nonplusultra der Sexualität darstellt, erscheint – zurückhaltend gesagt – ein wenig fraglich.

Kekswichsen

Manche Begriffe und Tätigkeiten, die lange Zeit nicht öffentlich genannt wurden, sind dann doch mit einem Mal erneut in aller Munde, kaum dass sie in der Literatur, einem Musikstück oder Film wieder auftauchten. Ein jeder weiß sogleich Bescheid und bringt das neu entdeckte Wort im Alltag unter, als hätte er nur auf diese mediale Rechtfertigung gewartet. Als im Jahr 2000 der Film ›Crazy‹

nach einem literarisch-jugendlichen Debut des 16-jährigen Autors Benjamin Lebert in die Kinos kam, erinnerte man sich auf den Schulhöfen, in Büros und allen anderen Orten, an denen mann sich vertraut unterhält, an das alte Pausenspiel.

Die eigentliche Handlung besteht aus einem altbekannten Initiationsritus unter pubertierenden Jungs: dem gemeinsamen Onanieren. Es meint nicht gegenseitige Zärtlichkeiten, sondern ein einzelkämpferisches sportliches Kräftemessen zur Ermittlung der Rangordnung in der Gruppe. Da alles eine Form haben muss, schon aufgrund der möglichen Verlegenheiten, ist das Muster dieses Spiels bereits seit alters her bekannt: Ein Keks wird in die Mitte der Runde gelegt und die Übung beginnt. Wer das Ziel nicht trifft oder als Letzter ejakuliert, muss es später mit allem Drum und Dran verspeisen.

Eine ähnliche Szene kam mit Frank Wedekinds Drama ›Frühlings Erwachen‹ anno 1906 erstmals auf eine öffentliche Bühne und sorgte neben anderen freizügigen Szenen für Furore. Wedekind benutzte, um das Publikum zu schonen, jedoch ein Geldstück als Ziel. Auch heute, in Zeiten des Safer Sex, ist durchaus anzuraten, zum Euro zu greifen anstatt zur Prinzenrolle.

Keuschheit

»Keuschheit ist ebenso wenig eine Tugend wie Unterernährung.« *Alexander Comfort*

Kopfweh

»Wenn ich es eine Nacht auslasse, hab ich am nächsten Morgen wahnsinniges Kopfweh.« *Dean Martin*

Kranzgeld

In Zeiten, da die Bräute noch öfter ihre Hochzeitsnacht als den Moment der Defloration erlebten, gab es eine Vielzahl von Ausnahmen von der Regel: Jungfernschaften kamen in großer Zahl schon lange vor der Ehe abhanden und wurden – zuweilen regelmäßig – in der Nacht der Nächte mit allerlei Tricks inklusive eines mit Tierblut befleckten Lakens vorgetäuscht, mitunter auch operativ wiederhergestellt und im Prostituiertenmilieu in Serie verkauft. Auch im bürgerlichen Leben gab es gewisse Aufweichungen der strengen Handhabung, wenn sich die Verlobten fest versprochen waren und der Gatte in spe beständig genug drängelte oder eine gewisse Gewalt ausübte. Kam eine Hochzeit nach solchem Geschehen dann nicht zustande, hatte die Braut fortan schlechtere Chancen und einen Wertverlust auf dem Heiratsmarkt erlitten. Bis in die fünfziger Jahre waren in solchen Fällen Kranzgeldprozesse üblich, in denen die Frau einen an der Höhe des Vermögens ihres Häutchenräubers ausgerichteten Betrag einklagen konnte, um den Schaden auszugleichen. Wie wenig die Deutschen mit ihrer vielbödigen Moral aufgeräumt haben, zeigt sich nicht zuletzt daran, dass dieses Prozedere noch bis in die späten neunziger Jahres des 20. Jahrhunderts anwendbar war. Der betreffende Paragraf 1300 des Bürgerlichen Gesetzbuches wurde erst kürzlich gestrichen.

Kuss

»Ein Kuss ist eine Sache, für die man beide Hände braucht.« *Mark Twain*

L

Liebe

»Liebe ist ein Käfig mit Gitterstäben aus Glück.«
Claudia Cardinale

Liebe, Die namenlose

Jede Spielart der Liebe hat ihren Namen, der sie ausweist, würdigt, klassifiziert, deklassiert, diskriminiert, mystifiziert oder schwärmerisch umschreibt. Zahllose Bezeichnungen tummeln sich für diverse Varianten in den verschiedenen Epochen der Kulturgeschichte und werden seit Ende des 19. Jahrhunderts durch sexualwissenschaftliche Kategorisierungen ergänzt und auf neutralen Boden gebracht. Die generelle »Liebe« meinte seit jeher in der Regel die Zuneigung zwischen Menschen verschiedenen Geschlechts und deren sexuelle Akte. Gleichgeschlechtliche Vorgänge, eventuelle Überschneidungen mit einbeziehend, sind heute zwar gemeinhin in den Liebesbegriff integriert, doch immer noch nicht ohne Vorbehalt. Die gleichgeschlechtliche Liebe, in der Bibel verdammt und seither als Sünde gekennzeichnet, hatte bis vor relativ kurzer Zeit gewissermaßen keinen Namen, sie war namenlos. Über viele Jahrhunderte bezeichneten Gerichte sie als *offensa cujus nominatio crimen est*, als Vergehen, das man besser nicht beim Namen nennt und »was für züchtig Ohren nicht zu hören geziemet«. Gebrandmarkt als → Sodomie verzichtete jene Liebe lange Zeit auf eine eigene Definition. Ein Gedicht von Lord Alfred Douglas, des Geliebten von Oscar Wilde, bringt es auf den Punkt:

Zwei Lieben

»Süßer Jüngling,
Sag mir, warum irrst du traurig und seufzend
In diesen vergnüglichen Gefilden umher?«
Er sagte: »Mein Name ist Liebe«,
Dann drehte sich gleich der Erste zu mir um
Und schrie: »Er lügt, sein Name ist Schmach.
Ich bin die Liebe und ich war es gewohnt,
Allein in diesem schönen Garten zu sein, bis er kam,
Ungefragt in der Nacht; ich bin die wahre Liebe, ich fülle
Die Herzen der Knaben und Mädchen mit gegenseitiger Flamme.«
Der andere seufzte und sprach: »Es sei, wie du willst;
Ich bin die Liebe, die ihren Namen nicht zu nennen wagt.«

Dieses verbale Defizit wurzelt in unseren Breiten bereits in so genannter vordeutscher Zeit; schon vor dem Mittelalter gab es kein explizites Wort. In einigen Arbeiten zum Thema wird in wahrscheinlichem Zusammenhang mit dem indogermanischen Wort *orgi* für Hode lediglich das Adjektiv *arg* angeführt, welches im Mittelhochdeutschen bereits als Schimpfwort galt, als feige und ehrlos, als passive Seite des homosexuellen Geschlechtsverkehrs. Ansonsten verwendete man ab dem 16. Jahrhundert gemeinhin die Bezeichnungen Sodomie – für alles anal Verkehrende, gleich ob Mann, Frau oder Tier – und »Florenzerei«, die florentinische Liebe (→ Englischer Verkehr). Gebräuchlich war ferner die Bezeichnung Knabenliebe, auch für die Handlung älterer Personen, was bis heute bei den Bezeichnungen Päderastie (Knabenliebe),

Pädophilie (Kinderliebe) und Pedicatio (Analkoitus) für sprachliche Verwirrung sorgt. Vor allem im 18. Jahrhundert etablierten sich die Päderastie, die sokratische und griechische Liebe (→ Englischer Verkehr) als Bezeichnungen für den Männersex. Im französischen und damit auch zum Teil im deutschen Sprachraum verwendete man gerne das Wort *bougre*, heute im Allgemeinen mit »Kerl« übersetzt, im Zusammenhang mit der so genannten bulgarischen (→ Englischer Verkehr), also analen Liebe. Ansonsten sprach man häufig von den Warmen, den warmen Brüdern oder den Buhlen. Sämtlichen Varianten ist jedoch eines gemein: Sie alle stehen lediglich für den Vollzug bestimmter geschlechtlicher Handlungen und nicht für eine Überzeugung und Lebensart.

Erst im Jahr 1864 nahm sich der österreichische Jurist Karl Heinrich Ulrichs der namenlosen Liebe an. Er war sich ihrer bisexuellen Wurzeln bewusst und verfasste – zum Teil unter dem Pseudonym Numa Numantius – wissenschaftliche Traktate zur Konstitutionalisierung der gleichgeschlechtlichen Neigung. Er entwickelte die Begriffe der Urningsliebe, des Uranismus, der Uranier und Urninge (für Frauen: Urningin und Urninde) in Abgrenzung zum heterosexuellen Dionismus, zu den Dinoäern und Dioningen, kurz, zur dionischen Liebe. Das Sprachgebilde hatte in der allgemeinen Verwendung keine Chance, doch der Autor war als bekennender Schwuler und mit seiner Forderung nach Gleichstellung bis hin zur Heirat ein Pionier. 1869 prägte schließlich der ungarische Arzt und Schriftsteller Karl Maria Benkert erstmals den Begriff Homosexualität, um die gleichgeschlechtliche Orientierung ohne gesellschaftliche Wertung relativ exakt zu beschreiben. Typisch für diese Zeit der Entwicklung der Sexualpathologie forderte er Straffreiheit, da es sich bei der Homosexualität um einen angeborenen und nicht kontrollierbaren beziehungsweise willentlich veränderbaren Zustand handele. Auch alle anderen Wortschöpfungen jener Zeit sind von heute aus gesehen relativ unbeholfene Versuche, ein Selbstverständnis gegenüber der sie verachtenden Gesellschaft aufzubauen: Das »konträre Sexualempfinden« ebenso wie »antipathische sexuelle Reaktion« verweisen den betroffenen Menschen in den pathologischen Bereich und definieren ihn als Patienten. Man forderte zwar Rechte, aber dennoch eine medizinische Behandlung. Eine sprachliche Zukunft hatte allein die zur Mitte des 19. Jahrhunderts neu gebildete Vokabel »schwul«, abgeleitet vom Verb »schwelen«, in Nachbarschaft zum warmen Bruder. Zugleich bedeutete »Schwulität« jedoch auch Bangnis, Bedrängnis. Der Begriff wanderte vorerst ab in den diskriminierenden Gassenjargon. Im philosophischen Bereich gerne angewandt wurde ab 1878 bis in das frühe 20. Jahrhundert hinein die Bezeichnung Inversion.

Noch der Sexualforscher Magnus Hirschfeld lehnte das neue Wort der Homosexualität als sprachlich hybrid ab. Sigmund Freud entschied sich jedoch dafür und verhalf der Bezeichnung zum Durchbruch. Im Boom der homosexuellen Kultur in der Zeit der Weimarer Republik entstanden noch einige Umschreibungen eher ausweichenden Charakters: Man sprach von der dunklen Liebe, der blauen Blume, der sapphischen Liebe; Fritzi Massari sang ihr Chanson vom »andersrum sein«, eine Zeitschrift nannte sich ›Der Eigene‹. Neben zahllosen diskriminierenden Bezeichnungen wie »Schokostecher« gilt heute als hauptsächliche selbstbewusste Vokabel das Wort »schwul«, oder man weicht mit *gay* und *queer* auf die englische Sprache aus. Ansonsten ist diese Liebe im deutschen Sprachraum nach wie vor jene, deren Namen man nicht zu nennen weiß. Im 19. Jahrhundert hieß sie in Frankreich übrigens auch *Vice Allemande*, das deutsche Laster!

Loch

»Es gibt Löcher, die füllen uns aus.« *Jean-Pierre Duprey*

Long-Dong-Silver

Was in der Welt der sexuellen Gigantomanie seit den sechziger Jahren bei den Frauen der gewaltige → Atombusen ist, hat auf männlicher Seite keine direkte Entsprechung. Alle Körperteile, die nicht primäres Geschlechtsorgan sind, darf der Mann öffentlich jederzeit zeigen; sein gegebenenfalls enormes Glied muss er brav verstecken und darf es nur mittels unbequem enger Beinkleidung öffentlich präsentieren. Eine wirklich populäre Wirkung entfalten kann es nur im Pornogeschäft; dort allerdings wird sein Träger – mehr noch als die mit nuklearer Fülle ausgestatteten Damen – zum namentlichen Star. Im eigentlich sinnlichen Bereich dürften diese Herren eher den Kürzeren gezogen haben, denn nicht nur die Frauen haben beim Geschlechtsakt mit einem mehr als 20 bis 25 Zentimeter langen Glied berechtigterweise mitunter erhebliche Angst vor Schmerzen. Auch der Mann selbst ist nicht der Glücklichste mit seinem Körperteil, wenn sich derart viel Blut darin zu versammeln hat, dass ihm mitunter der Kreislauf kollabiert. Wahre Erfüllung dürfte bei den Megapenissen oftmals im Bereich der Legende liegen, denn die suggestierte Ausdauer und Fähigkeit zum vielfachen Orgasmus entstammt eher der Trickkiste der Pornoindustrie und der Professionalität der Akteure.

Eines der Glieder, die Geschichte schrieben, trug einen Herrn namens John Curtis Holmes, legendärer Pornostar, der bei jeder Gelegenheit kundtat, seine Karriere hätte mit zwölf Jahren in den Armen einer Freundin seiner Mutter begonnen. Sein Penis wurde unzählige Male in Latex nachgebildet und ist unter seinem Namen rund um die Welt als → Godemiché erhältlich. Holmes hatte jenseits des möglichen Vergnügens durch seine angebliche Pferdestärke ein stattliches Auskommen; seine Tagesgage betrug auf den Höhepunkten seiner Karriere 3 000 Dollar. Die Fachliteratur schätzt die Zahl seiner Partnerinnen während der professionellen Jahre auf 14 000.

Der überwiegende Teil der Pornokonsumenten sind Männer, und wie Umfragen beweisen, haben 70 Prozent von ihnen ein durchschnittliches Penismaß von zwölf bis 19 Zentimetern. Fernab der Tatsache, dass für den Spaß nicht die Länge zählt, herrscht bei der Mehrzahl der Männer ein gewisses Minderwertigkeitsgefühl vor, was letztendlich mehr mit gesellschaftlichen und sozialen Fragen sowie mit Enttäuschungen und Komplexen zu tun hat als mit dem tatsächlichen Maß. Der Penis als solcher wird auf diese Weise absolut überbewertet. Auf dieser Grundlage erklärt sich die Begeisterung des männlichen Pornopublikums für ihre großkalibrigen Stars, durch die sie die Mannesehre generell aufrechterhalten sehen. Zwei wahre Superhelden des in den siebziger Jahren erblühenden Gewerbes waren der famose Long-Dong-Silver mit sagenhaften 42,6 Zentimetern und sein Kollege Texas Longhorn, der noch 1,9 Zentimeter weiter ging. Doch trotz aller Rekorde ist der Mensch im ganzen Spektrum männlicher Fauna nur ein kleines Licht: Der afrikanische Elefant bringt seinen unteren Rüssel ausgefahren auf gute 150 bis 180 Zentimeter und der Blauwal weist bei einer Körperlänge von bis zu 30 Metern einen drei Meter langen Phallus vor. Proportional verteidigt jedoch die Schneckenart Ariolimax dolichophallus den ersten Platz, da sie bei 15 Zentimetern Körperlänge einen fünfmal so langen Penis vorweisen kann. Hochgerechnet auf einen 1,80 Zentimeter großen Mann wären das stolze neun Meter – die Welt sähe anders aus!

M

Männer

»Heutzutage gilt ein Mann schon als Gentleman, wenn er die Zigarette aus dem Mund nimmt, bevor er eine Frau küsst.« *Barbra Streisand*

Missionarsstellung

Die bevorzugte Stellung der Geschlechter zueinander ist in jeder Gesellschaft der Welt eine andere, und oftmals verbinden sich hier Geist und Körper auf das Eindrücklichste. In der westlichen Zivilisation hat sich die Position der so genannten Missionarsstellung deutlich durchgesetzt, beeinflusst von Jahrhunderten christlicher Haltung zum weiblichen Geschlecht, dessen lateinische Bezeichnung *femina* von kirchlicher Seite aus gerne durch seine Silben *fe* (vulgärlateinisch: Glaube) und *minus* interpretiert wurde. Die Frau war gemeinhin ein Wesen minderen Glaubens, Trägerin der Sünde und mit dem Teufel im Bund; sie hatte gebändigt und in ihre Rolle als Gattin und Mutter gezwungen zu werden, was am leichtesten ging, wenn sie weitgehend wehr- und bewegungslos auf dem Rücken lag und der Mann sich auf ihr abarbeitete. Ein Recht auf Genuss des Vorganges hatte sie schließlich nicht. Auch die in alle Welt ausschwärmenden christlichen Missionare pflegten diese Angewohnheit bei der körperlichen Verrichtung ihrer himmlischen Aufgabe, meist zum Erstaunen der so genannt primitiven Gastgeber, die ihrerseits eine Vielzahl lustfreundlicher, aber angeblich »tierischer« Stellungen bevorzugten. Das Wort selbst bildete sich wohl im 19. Jahrhundert nach den Berichten über ein rauschendes Fest, das ein polynesisches Volk seinem missionierenden Gast bereitete und in dessen Verlauf er seine Methode öffentlich präsentierte.

Auch wenn der gewandelte Stellenwert christlicher Mission und männlicher Samenverteilung die Vorzeichen dieser Standardposition heutzutage geändert hat, zählt sie nach wie vor zu den beliebtesten in Europa. Zahlreiche Beratungslektüren halten sie als Stellung »aus Adam und Evas Zeiten« für unübertroffen befriedigend, anpassungsfähig, variabel und für einen Garant des schnellen, unkomplizierten Orgasmus. Dass damit jener des Mannes gemeint ist und der Samen auf diese Weise am sichersten in den Uterus gelangt, verschweigen viele Ratgeber inzwischen, denn Missionierungen dieser offensichtlichen Art sind nicht mehr im Trend. Die sexuelle Konditionierung unserer Gesellschaft ist jedoch noch immer nachhaltig von vergangenen Zeiten geprägt.

Montagsgespräche

Jeder kennt und hasst sie angeblich, doch das hat ihrer Verbreitung keinen Abbruch getan: Gemeint sind die Autoaufkleber mit dem zynisch-bitteren Gute-Laune-Satz: »Ich freu mich aufs Büro!« Irgendetwas ist daran, was nachdenklich macht; wahrscheinlich würden sehr viel mehr Menschen als die, die es zugeben, diesen Satz heimlich unterschreiben. Nach dem elend langen, langweiligen, zwar hoffnungsvoll begonnenen, aber dann doch wieder nur in irgendeinem Fernsehsessel durchgesessenen Wochenende zurück ins Büro, in die Kommunikation, in den Lauf der Dinge – hier spielt die Musik. Man erzählt, plaudert, träumt von der Liebe und der großen weiten Welt vor den Fenstern, man beäugt einander, stellt sich den Praktikanten oder die Schreibkraft gerne mal ohne all die Stöffchen vor und quasselt sich die Seele aus dem Leib, bis die Welt wieder in Ordnung ist.

Unvermeidlicher Bestandteil sind natürlich die legendären Berichte von den vergangenen zwei Tagen, voll ungeahnter außer- wie auch binnenehelicher Liebesabenteuer, mit wilden Hengsten und feurigen Stuten, mit waghalsigen Ritten über die Wellen der Lust. Was brächte es denn auch, davon zu berichten, dass die einzige überstandene Gefahr des Wochenendes die Verwechslung des Würzsalzes mit dem Schneckenkorn beim Grillen war? Nein, wir brauchen sie, unsere Montagsgespräche. Schon deshalb, weil sie nicht nur in Werkshallen, Umspannwerken und Arbeitsämtern zu finden sind, sondern nicht minder emphatisch in Rathäusern, philosophischen Fakultäten und Operationssälen, an Bushaltestellen, Schulhöfen, Pfarrhäusern … sie sind ein Teil von uns.

Wer will schon wissen, wie es wirklich ist? Und letztendlich, was wäre eine Gesellschaft ohne ihre Spiegelbilder? Denn natürlich wird da nicht nur gekuschelt und harmonisch des → Blümchensex gefrönt: Es regiert der derbe, brutale Macho-Slang, hinter dem mann sich so gut verstecken kann. Da wird gebohrt, gepflügt, reingejagt, gerodet, gebombt, umgelegt und flachgemacht, da wird geprahlt und aufgeschnitten, dass es eine Freude ist – na ja, eher eine Lehre über den Stand der Dinge. Dass dieses Phänomen im industriellen, behördlichen und akademischen Prozess durchaus der Erhaltung der Arbeitskraft dienlich ist, kann kaum infrage gestellt werden – auch wenn im Taumel der Fantasie mal was danebengeht. Jene fehlerhaften Arbeitsergebnisse nennt man Montagsprodukte, doch den Grund ihres Mangels sieht man ihnen nicht an.

Moral

»Moralisten sind Menschen, die sich dort kratzen, wo es andere juckt.« *Samuel Beckett*

Morgenlatte

Drei Sprüche stehen seit Generationen an jeder Toilettenwand und jeder kennt sie zur Genüge. Doch fehlten sie, wäre die Welt aus dem Lot: »Coito, ergo sum«, »Lieber Schamlippen küssen als Schlamm schippen müssen« und »Hart ist der Zahn der Bisamratte, doch härter ist die Morgenlatte!«. Auch den Grund des Spruches dürfte jeder Junge kennen und stets ist es das gleiche Dilemma: Da erwacht man schon mal mit einer fabelhaften Erektion und in zehn Minuten fährt der Bus. Keine Zeit also, um die Erscheinung würdig zu überdenken …

In manchen Ratgebern steht immer noch, dass die Morgenlatte durch den Druck der Harnblase auf die Nerven am Beckenboden entsteht. Doch diese Begründung ist allenfalls als verlegene Rechtfertigung beim Ertapptwerden tauglich. Tatsächlich sind nächtliche Sexfantasien und Träume obligatorisch; der gesunde Mann hat im Durchschnitt alle neunzig Minuten aufgrund seiner schlafenden Erlebnisse eine Erektion. Gerät eine solche aber in die Phase, da die Blase tatsächlich sehr gefüllt ist, übt jene einen Druck auf die Blutbahnen im Penisbereich aus, so dass die Schwellkörper sich nicht mehr von selbst entleeren. Erwacht man nun, böte sich zum guten Start in den Tag eigentlich eine Gelegenheit, zur sexuellen Aktion zu schreiten. Dagegen aber spricht tatsächlich die Blase und mit ihrer Entleerung verflüchtigt sich der Stau von selbst.

Ansonsten hat die Morgenstunde absolut ihre Qualitäten, da der gesamte Organismus noch etwas verschlafen ist und bei sensiblerer Empfindsamkeit länger als sonst braucht, um zum Höhepunkt zu kommen. Theoretisch. Wäre da nicht dieser blöde Bus.

Mumie

Mitten im Leben sind wir vom Tod umgeben – diese Volksweisheit scheint sich in manch sexuellen Spielarten zu beweisen. Relativ neu auf dem Markt ist die Mumifizierung, eine Art des → Bondings, bei der der Körper nahezu komplett von der Außenwelt abgeschnitten wird. Ermöglicht wird das durch eine Art Tasche aus dünnem Latex. In diese legt sich der Delinquent auf dem Bett oder einem Tisch in die gewünschte Position, bevor sein Körper mittels eines durch eine Vakuumpumpe erzeugten Unterdrucks auf die Unterlage gepresst wird, bis er kein Glied mehr rühren kann.

Dies ist so wortwörtlich zu nehmen, dass für ebenjenes Körperteil eine Art Präservativ eingearbeitet ist, welches ihm und dem außenstehenden Partner zumindest einen gewissen Spielraum gewährt. Erhältlich sind auch Varianten mit eingebauten → Toys für beide Geschlechter und integriertem Reizstromaggregat. Der Kopf bleibt frei oder wird ebenfalls komplett verschweißt, freilich nach Einvulkanisierung kleiner Nasenröhrchen.

Im Gegensatz zur Fesselung werden bei dieser Obsession keine starren oder schnürenden Hilfsmittel eingesetzt, so dass die Körperoberfläche von Druckstellen und Verletzungen unversehrt bleibt. Eine angeblich inzwischen auch sehr beliebte Variante ist die feste Einbandagierung des kompletten Körpers durch breite Latexbänder, was die Mumie unabhängig von einer Unterlage und somit transportfähig macht. In dieser Form kann man das erregte »Seidenräupchen« auch senkrecht in die Ecke stellen oder bei Nichtgefallen einfach auf den Balkon verbannen …

Der Reiz dieses Spiels liegt offenbar nicht primär in der Qual und Erniedrigung, sondern in der vollkommenen Abschottung, Bewegungs- wie Machtlosigkeit des Spielers. Ist auch der Kopf einbandagiert, wird der zur Puppe degradierte Partner blind, taub und stumm, begibt sich vollends in eine andere Welt und ist nur noch durch den sexuellen Eigenreiz und die Stimulation des außenstehenden, hoffentlich freundlich gesinnten Menschen mit der Welt verbunden. Ein gewisses Risiko besteht sicher in der unzureichenden Kontaktmöglichkeit aus dem Kokon heraus. Ist das Atemrohr zu klein oder verstopft, vor allem wenn man in höchster Erregung etwas mehr des Sauerstoffs bedarf, kann die Sache unvorteilhaft enden und aus dem kleinen Tod wird, *from here to eternity*, schnell ein etwas größerer.

Diese moderne Lustbarkeit befindet sich offenbar auf der Höhe der Zeit. Die Ausschaltung aller audiovisuellen Eindrücke als sexueller Reiz, das Vakuum als sensuelle Heimat – die Konsequenz aus der Überflutung mit Reizen aller Art? Das mentale Cocooning, der Rückzug in die eigenen vier Wände als einzig noch kontrollierbare Umgebung gilt nicht nur bei der Jugend als einer der maßgebenden Trends der neunziger Jahre. Doch bevor die Analysten die Angelegenheit durchdeklinieren können, wird die Mumie längst das Lager gewechselt haben: ins Hauptfernsehprogramm, zum ›Tatort‹, in Talkshows und Container.

Nackt

»Ich war nicht wirklich nackt. Ich hatte einfach nur keine Kleider an.« *Josephine Baker*

Natur

»Der einzige unnatürliche Sexualakt ist derjenige, der undurchführbar ist.« *Alfred Kinsey*

Natursekt

Bier ist Bier und Schnaps ist Schnaps, diese Weisheit ist nicht gerade neu. Ebenso altbekannt dürfte sein, dass Sekt dagegen nicht gleich Sekt ist, zumindest nicht im sexuell gewerblichen Nachtleben, wo er in rauen Mengen getrunken wird. Dort gibt es zwei Sorten: Sekt pur und Sekt natur. Den ersten, salopp auch Nuttendiesel genannt, bestellt man als Pikkolo, in der Normal- oder in der Magnumflasche; den zweiten gibt es nur »vom Fass«. Natursekt steht als Synonym für eine uralte Obsession, die Urophilie, die Liebe zum Urin. Die Faszination für die gelassenen Wasser kennt ein jeder Mensch aus seiner Kindheit; sie ist ein fester Teil seiner erotischen Entwicklung. Manche Menschen nehmen diese Leidenschaft in ihr weiteres Leben mit und leben sie in vielfältigen Formen aus: Das Spektrum reicht vom rein lustvollen Beobachten des Urinierens anderer Menschen über aktive und passive Harnduschen bis zum Sammeln und Archivieren des eigenen und fremden Urins. Während das Trinken des eigenen Urins heutzutage als alternative Heilmethode für viele Krankheiten absolut anerkannt ist und auch der Durst auf den Harn des Sexualpartners noch zu den gemäßigten Spielarten zählt, kann die Uropotie schon als Extremsport angesehen werden: Der von seinem meist zwanghaften Trieb geleitete Uropote sammelt zum Beispiel auf öffentlichen Toiletten die Flüssigkeiten fremder Menschen zum Verzehr. Abgesehen davon, dass dabei von medizinischem Nutzen nicht mehr die Rede sein kann, ist diese meist Ekel hervorrufende Lust in der Regel für die Umwelt harmlos, denn es handelt sich um eine Art des Masochismus, der Selbsterniedrigung. Die nicht so weit gehenden Formen der Urophilie finden sich hingegen immer öfter auch als »Wasserspiele«, »Golden Shower« und »Wassersport« in Kleinanzeigen und in pornografischen Darstellungen; möglicherweise sind sie Mitläufer der zum Trend gewordenen bizarren Spielarten des leichten Sadomasochismus. Schon Joachim Ringelnatz dichtete 1964 in seinem Band ›Auf einmal steht es neben dir‹:

Pipi

Es drängt mich, dein Pipi zu trinken,
und sieh, nun trinke ich bereits.
O welch Genuss bei deinem Beinespreiz,
o wie die Wasser hurtig blinken.
Ich möchte ganz darin versinken.
– Es ist nicht wahr, dass deine Wasser stinken. –
Nun hörst du auf? O pfui, welch Geiz!

Nummer

Eine schnelle Nummer schieben – dieser Begriff ist altbekannt im sexuellen Alltags-Sprachgebrauch und immer von Männern angewandt, die mittels der saloppen Beschreibung den Geschlechtsverkehr zu etwas für sie absolut Alltäglichem verkleiden und profanisieren möchten. Die Herleitung des Begriffes ist tatsächlich banal: Es zeugt von typisch deutscher Lust, sämtliche Vorgänge des Zusammenlebens zu organisieren und zu bürokratisieren. Denn die Nummernrollen, die man heute noch gerne in Einwohnermelde- und Sozialämtern benutzt, dienten im Ersten Weltkrieg der Ordnung vor den Soldatenbordellen. In Reih mit Glied standen da die Kerle vor der Tür; erst wurde gezogen und dann geschoben: das Nümmerchen nämlich. Ganze Kompanien konnten so zügig und diszipliniert von den Prostituierten durchgearbeitet werden, ohne dass unter den Wartenden Streit entstand.

Aber es existieren noch andere Bedeutungen des Begriffs. Denn es sind nur wenige Dinge bekannt, die der Mensch nicht zur imaginären Stärkung seiner Sexualkraft heranzuziehen vermag. Ein Beispiel für die Verbindung körperlicher und geistiger Lüste ist die Theorie arabischer Nummerologen, auch Zahlengesetze hätten eine erotisierende Wirkung: Alle Zahlen haben Divisoren, kleinere Zahlen, durch die sie geteilt werden können, wobei der Quotient eine ganze Zahl darstellt. Die Divisoren von 24 sind beispielsweise 1, 2, 3, 4, 6, 8 und 12. Aber 24 ist keine perfekte Zahl, anders als die 28: Ihre Divisoren sind 1, 2, 4, 7 und 14; die Summe der Divisoren ergibt die Ausgangszahl selbst, nämlich 28. Sex hingegen ist keine Sache der Perfektion, sondern eher eine der Freundschaft und deshalb geht es hier um die einander freundlich gesinnten Zahlen in Form von so zusammengestellten Paaren, dass die eine die Summe der Divisoren der anderen Zahl darstellt. So liebt der Mathematiker! Wer nach dieser Übung noch in Stimmung ist, ein Nümmerchen zu schieben, weiß sie zu schätzen: die Erotik der Zahl. Als Aphrodisiakum eingesetzt wird das Spiel laut Martin Gardner auf durchaus greifbare Weise, indem die beiden netten Zahlen auf zwei Früchte geritzt werden, von denen man eine selbst verzehrt und die andere der Person anbietet, die man längst mal verführen möchte. Sollte jene zugreifen, ist eine ausdauernde arabische Nacht fast schon garantiert. So mancher wünschte sich bereits, er hätte doch ein wenig besser aufgepasst im Mathematikunterricht anstatt nur auf die Biostunde zu warten …

Nymphomanie

Dass eine Frau als Nymphomanin bezeichnet wird, ist zwar nicht mehr alltäglich, aber noch immer keine Seltenheit. Das Wort entstammt unmittelbar der Ungerechtigkeit und Sinnesfeindlichkeit unserer sexuell ziemlich beschränkten Geschichte. Die Nymphe ist im Griechischen eine junge Frau oder ein Mädchen, und die Manie bedeutet Wahnsinn. Die Kombination von beidem meint seit eh und je eine Frau, die sich nicht dafür schämt, ihr »abnorm gesteigertes« sexuelles Verlangen auszuleben, wobei die Abnormalität früher einmal dafür stand, dass sie überhaupt eines hatte. Sofern sie ihre Wünsche nicht allein durch einen Ehemann befriedigen ließ, sondern sich mit Liebhabern vergnügte, oder auch spontane Gelegenheiten nutzte, galt sie als mannstoll. Die moderne Wissenschaft sieht als Definitionsgrundlage eines diesbezüglich abnormen Verhaltens nicht mehr die Zahl der sexuellen Vorgänge an, denn man ist sich inzwischen der Schwierigkeiten bewusst, zu erkennen, ob es ein → Zuviel des Guten beim Sex generell geben kann. Das hauptsächliche pathologische Phänomen, welches gegenwärtig noch anerkannt wird, ist ein nicht zu befriedigendes, schnell das Ziel wechselndes Suchen, welches sich mit der Zeit immer weiter beschleunigt. Die Ursachen dieses Verhaltens werden im Falle der Anwendung des Begriffes Nymphomanie aber weitgehend missachtet.

Frauen für krank zu halten, wenn sie etwas tun, das Männer für sich als Selbstverständlichkeit empfinden, Frauen für ihre Ansprüche gering zu schätzen und zu entwürdigen scheint der einzige Weg zu sein, um die maskuline Macht und Beherrschung nicht zu verlieren. Kein Mann wird sich von einer Frau den Titel des ausdauernden Alleskönners wegnehmen lassen, so mager es auch bei ihm selbst damit aussehen mag. Einem Menschen durch Verleumdung und Krankheitsbezichtigung die Würde zu nehmen erinnert an spätmittelalterliche Hexenjagden. Der Wahnsinn hat eben Methode.

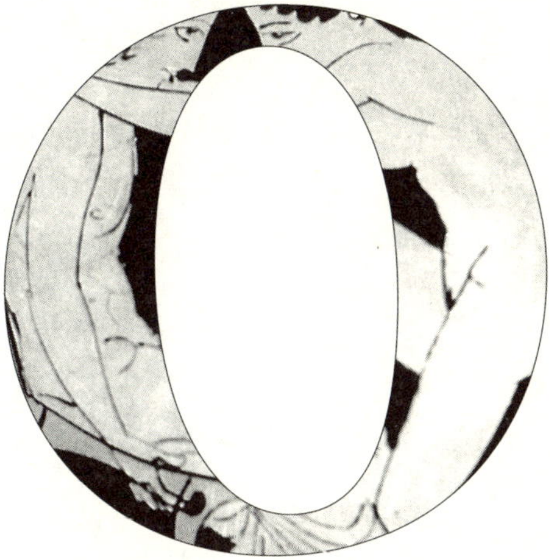

O

Im lautmalerischen Bereich ist das O, dicht gefolgt vom »A«, wohl der häufigst in erotischem und sexuellem Zusammenhang eingesetzte Buchstabe. Als Stellvertreter lustvoller Empfindung schwirren alle denkbaren Variationen des O!, Oh!, Ohhhhh!, Ooooo!, Oou!, Oaaah!, Oooaoouoioioi!, meist einen kurz bevorstehenden oder erreichten Höhepunkt andeutend, durch sämtliche Medien. Eine ganz besondere Virtualität in der Anwendung dieses Vokals entwickeln all jene arbeitslosen Schauspieler, die mit Kopfhörer, Kaffee und Zigarette im Mundwinkel morgens um neun im Synchronstudio die nur scheinbar einfachen Handlungen der Pornofilme nachempfinden müssen und dabei gelegentlich zu phonetischen Verrenkungen neigen, für deren Beherrschbarkeit mancher Lautpoet dankbar wäre. Auch die Marktforschung entdeckte während des galoppierenden Wirtschaftswunders der sechziger Jahre bald die Zauberkraft dieser Letter und suchte einen passenden Gefährten. Gefunden wurde der Konsonant M, der wie kein anderer innigste Zufriedenheit auszudrücken in der Lage ist und in besagten Filmen den O-Variationen oft auf dem Fuße folgt. Die Kombination hingegen stand fortan für ein Mittelchen, das ganz woanders Blasen schlug: Das Waschmittel OMO war für jede Hausfrau und jeden Hausmann der Inbegriff der Erfüllung, zumindest wenn es darum ging, die Spuren der vergangenen Nacht zu beseitigen.

Obszön

»Das lehrt die lange Geschichte: Obszön ist, wer oder was irgendwo irgendwann aus irgendwelchem Grund zur Entrüstung getrieben hat. Nur im Ereignis der Entrüstung ist das Obszöne mehr als ein Gespenst. Und weil dies Obszöne eine Gleichung mit mindestens sechs Unbekannten ist, seufzen die Juristen noch heute: dass es keine Definition gibt, mit der man Gesetze machen kann … und machen sie dennoch.« *Ludwig Marcuse*

Onanie

»Machst du es dir selbst?« – »O na, nie!« Dieser Kalauer geistert seit Urzeiten durch die pubertierenden Jahrgänge unseres Sprachraums und er wird es auch zukünftig tun, denn die Onanie bezeichnet die unmittelbarste Ausübung sexueller Handlungen am eigenen Leib. Die Bezeichnung ist ursächlich eigentlich falsch, denn sie gründet auf den Versen 8 bis 10 des 1. Buch Mose, die eigentlich einen Coitus interruptus beschreiben: Onan war nach einem alten jüdischen Gesetz verpflichtet, als nächster Verwandter seinem kinderlos verstorbenen Bruder nachträglich einen Erben zu zeugen. Dies wollte er jedoch nicht, vermutlich um seinen eigenen Kindern das Erbe des Onkels zu sichern. So koitierte er zwar mit seiner Schwägerin, ließ aber den Samen auf die Erde fallen. Seither steht sein Name missverständlich für die Selbstbefriedigung des Mannes – und in der Neuzeit auch der Frau –, die ebenso wie der außerhalb der Scheide endende Verkehr kirchlicherseits als Sünde interpretiert wurde und wird, da der Samen nicht der Zeugung zugute kommt. Nach dieser Logik wäre jegliche andere empfängnisvermeidende oder -verhütende sexuelle Betätigung als Onanie zu betrachten.

Die andere klassisch gebräuchliche, jedoch nicht minder unzutreffende Vokabel für die Selbstbefriedigung lautet Masturbation, ursprünglich Manustupratio, abgeleitet vom lateinischen *manus* (Hand) und *stuprum* (Unzucht). Beide Wörter verweisen die Betätigung aus sich selbst heraus in den Bereich der Sünde, werden aber gleichwohl heute noch verwendet. Kaum durchgesetzt hat sich hingegen der von Magnus Hirschfeld geprägte alternative Begriff des Ipsismus und der Ipsation, der wertfrei auf das lateinische Wort *ipse*, selbst, verweist. Wahrscheinlich ist dieser Begriff schlichtweg zu offen, denn er verzichtet auf die Eingrenzung dessen, was man da eben selbst tut, und verweist damit sogleich auf die Selbstverständlichkeit jeglicher selbstbefriedigenden Handlung. Und damit hat auch der moderne Mensch nach wie vor seine Schwierigkeiten, denn die Legenden um die Schädlichkeit der autosexuellen Lust sind zwar allesamt widerlegt, unterschwellig jedoch immer noch vorhanden.

Verteufelt waren jene Handlungen im religiös-sexualfeindlichen Zusammenhang zwar schon immer, doch zur regelrechten Hysterie entwickelte sich das Thema durch ein pseudowissenschaftliches Buch des Franzosen Tissot aus dem Jahr 1774 mit dem Titel ›Onanie: Diskussion über die von der Selbstbefriedigung hervorgerufenen Krankheiten‹. Tissot erdichtete ein wahrlich gruseliges

Spektrum von Gefährdungen, warnte vor Rückenmark-Tuberkulose, Lähmung, Impotenz, Behinderungen bei Onanistenkindern, Epilepsie und vielem mehr. Die Zahl der befürchteten Symptome stieg seit jener spektakulären Veröffentlichung unentwegt an. Martialische Apparaturen wurden erfunden, um Kinder und Erwachsene von bewussten oder unbewussten stimulierenden Handlungen abzuhalten, Abarten des Keuschheitsgürtels eroberten die bürgerlichen Haushalte; notfalls behalf man sich mit Unterleibsverbänden und Vorrichtungen, welche die Hände über der Bettdecke zu halten halfen.

Die Pädagogik erfand eine Vielfalt sublimierender Tätigkeiten von kalten Duschen, Denksportaufgaben und körperlichen Ertüchtigungen, die zur Ablenkung von sexuellen Gedanken dienen sollten. Zwar entstand in Deutschland auf diesem Wege sozusagen ein Normenkatalog gesitteter Gebräuche und Werte, doch sein eigentliches Ziel erreichte er nicht: Die Sublimierung als Teil der Erziehung gilt seit den sechziger Jahren als endgültig überholt. Wieweit sie jedoch nach wie vor latent in der heutigen Gesellschaft verankert ist, gemeinsam mit dem immer noch obligatorischen schlechten Gewissen der Kinder und Jugendlichen, lässt sich nur vermuten. Die Selbstbefriedigung ist an sich absolut etabliert, doch ihre Bewertung liegt nach wie vor im Argen, nicht zuletzt durch die Vokabeln Onanie und Masturbation. Die sexualfeindlichen Werte des Buchs der Bücher bestimmen uns weiterhin, zumal die Begriffe geschlechtlich zugewiesen sind: Sowohl die moralische Ungewissheit als auch die öffentliche Thematisierung liegen seit Onans Zeiten schwerpunktmäßig im männlichen Bereich. Umgangssprachlich verhält es sich entsprechend: Die Palme schütteln, den Schimmel reiten, die Ladung löschen, *to wax the dolphin* ... Der Erfolg unserer biblischen Konditionierung liegt auf der Hand.

Orgasmus

»Für eine Frau gibt es wichtigere Dinge als einen Orgasmus, zum Beispiel den Kauf von einem Paar auberginefarbenen Lackstiefelchen.« *Esther Vilar*

Orgie

Die Orgie ist einer der vielschichtigsten Begriffe des gesellschaftlichen und somit auch sexuellen Zusammenlebens, die wir kennen – oder zumindest zu kennen meinen. Die früheste Begegnung heutiger europäischer Jugendlicher mit dem Wort dürfte zumeist die Lektüre der Asterix-Hefte sein, die uns sogleich auf die einfachste, populärste Fährte setzt: Orgien sind die Mysterienspiele des Altertums, in denen die Unglücksraben beim Fondue-Essen ihr Stückchen Brot im Käse verlieren und mit Steinen an den Füßen im See versenkt werden, während dicke alte Römerinnen gelangweilt nach ihrem Lippengrün suchen. Alles andere hat man sich zu denken, was bestens funktioniert: Ausschweifung, Dekadenz, sexuelle Zügellosigkeit, das Schöpfen aus dem Vollen, das Zulangen mit beiden Händen, das Nicht-Voll-Bekommen des Maules, lustvolle Dauerzustände, Höhepunkte ohne Ende, Volksfest, Rave und Love Parade, Erleuchtungen und Erlösungen, Massenhysterien, Spiele ohne Grenzen, Hauptgewinne und Sonderpreise, Schwimmbecken voll Blut und Cola, ein Lkw mit Rabattmarkenrollen, ein jahrelanger Winterschlussverkauf und Trinken-bis-der-Arzt-kommt. Ob sexuell, spirituell oder marktwirtschaftlich fixiert, die Orgie ist unser aller Sehnsucht nach unermesslichem Vergnügen, die Entlastung von allen Beschränkungen des Körpers und des Geistes. Zugegeben: Für viele ist sie auch ein Schreckgespenst …

Am Anfang war das Wort *orge*, griechisch für Trieb und Gemütsbewegung. Insofern knüpfen wir in der heutigen Verwirrung durchaus am Ursprung an. Dann jedoch wurde daraus nicht der Orgasmus, der aus dem griechischen *organ*, (vor Begierde) strotzend, abgeleitet wird, sondern die Orgia, das Opfer, der Gottesdienst. Ursächlich aus dem Matriarchat kommend, in dem die Sexualität nicht dem Vergnügen des Individuums diente, sondern eine sich der Lust nicht schämende Handlung im Dienste der Gemeinsamkeit war, entwickelten sich bereits im Altertum der Griechen und Römer die Orgien zu Mysterien, zu Geheimkulten und Veranstaltungen, an denen nicht jeder teilhaben konnte. In hier gebotener Kürze eher ver- als erklärt, wandelte sich die sexuelle Aktion im entstehenden Patriarchat zu einer Angelegenheit des Schamhaften, in der die weibliche Seite dienend funktionieren musste, während allein die männliche die größtmögliche Lust suchte. Die Paarbindung etablierte sich; der Sex wurde zu einer Sache jenseits der Öffentlichkeit. Die Ausnahme davon hatte geregelt zu werden und dies geschah in einer Vielzahl von Formen: Fruchtbarkeitsfeste, Winteraustreibungen und Initiationsfeste zur gesellschaftlichen Einführung Heranwachsender, kanalisierte Überschreitungen der sittlichen Grenzen zum Abbau der Frustrationen, die domestizierte Triebe hervorrufen. Jede Kultur entwickelte ihre eigenen Spielarten der letztendlich streng geregelten Ausschweifung, zuweilen eingegrenzt auf Geschlecht, Altersgruppen oder Berufsstand. In vielen Jahrhunderten sinnenfeindlicher Moral wurde die Orgie als solche stärker sexualisiert und funktionalisiert, ob sie im Volke stattfand oder in den Palästen der weltlichen und geistlichen Herrscher.

Von den Aphrodisien, Bacchanalien, Demeter- und Priapsfesten über Messen, Götzendienste und Geheimkulte, päpstliche und klösterliche Kopulationsfestlichkeiten bis hin zur heutigen verschämten Vorstellung von Sex mit mehr als zwei Personen hat der Begriff alle Bereiche unseres Lebens gestreift. Auch wir feiern täglich unsere Orgien ohne sie als solche zu betrachten: Nichts anderes sind nämlich Polterabende, Angelvereinssitzungen, Erotikmessen und Tupperpartys. Was wir an sexuellem Gehalt in dem Begriff zu finden versuchen, findet in unserer Gesellschaft nur streng gezügelt statt, in privat abgeschlossener Sphäre, in Clubs oder anderen eindeutig orientierten Einrichtungen. Oder aber in der weltumspannenden ununterbrochenen Entlastungs-Schauorgie der Pornografie und somit dem Ursprung so fern, wie es nur denkbar ist.

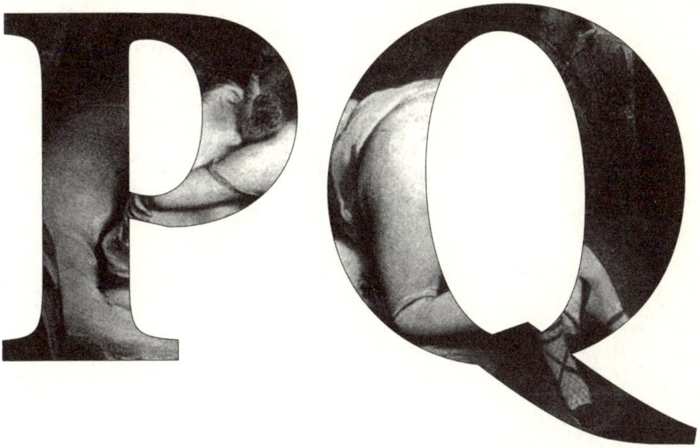
PQ

P und V

Bis in die sechziger Jahre hinein verbot es der gute Ton, viele Worte des geschlechtlichen und sexuellen Bereichs öffentlich in den Mund zu nehmen. In Situationen, in denen es absolut nicht zu vermeiden war, benutzte man folglich Synonyme und Abkürzungen. Die beiden bekanntesten waren schlicht und einfach P und V, für Penis und Vagina. Ansonsten sind Abkürzungen inzwischen jedoch nahezu inflationär geworden, da sich die Kommunikation über das Geschlechtliche vervielfacht hat. Zeit ist Geld und Zeilenplatz ist teuer; vor allem auf den Boards und in den Chats des Internet sowie in den Kleinanzeigenspalten tummeln sich die groteskesten Kurzformen aller Art. AC/DC ist ein Kürzel aus dem englischen Technikbereich, als Wechsel- und Gleichstrom steht es für die Bisexualität. B&D ist einfach: Es meint nicht etwa Black und Decker, sondern für Bondage und Disziplin. Wohingegen man auf die Bedeutung von BBB von selbst kaum kommt: Bauch, Bart und Brille, erwünscht oder eben nicht. CBT heißt Cock & Balls-Torture, DPP Doppel-Pussy-Penetration (zwei P in einer V) und fgf schlicht: frisch gefickt. Endlos ist die Liste mit den gebräuchlichsten Kürzeln, aber nach einem gewissen Studium geht diese Art der Kommunikation leicht von der Hand: Entschlüsseln Sie bitte folgendes Inserat, das völlig unverdächtig in ihrem wöchentlichen Anzeigenblättchen zu finden sein mag: »BBW/bob, a/P und O, ugf., sucht bl. BW-Typ, NR, mit 18x6 und SÜD zum FS und TF. Auch FFM, FMF und FMM, gerne DAP, flag u. anschl. Wx., 69 und Aufn. NS. Zus. BmaBuRP, AG. KFI.«

Lösung:

Eine big beautiful woman beziehungsweise eine big old bitch, also ein Rubensmodell respektive eine dicke alte Hündin, passiv, unterwürfig, ungefickt, sucht dunkelhäutigen Bundeswehr-Typ, Nichtraucher, mit 18 mal 6 Zentimeter großem Penis und Samenüberdruck zum face sitting und Tittenfick. Auch Frau-Frau-Mann, Frau-Mann-Frau (Sandwich) und Frau-Mann-Mann möglich. Besonders gerne gewünscht ist die Doppel-Anal-Penetration, Flagellation und anschließendes gegenseitiges Masturbieren, französisch beidseitig und Natursekt mit Trinken. Zuschrift bitte mit aussagekräftigem Bild und Rückporto, Antwortgarantie wird gegeben. Keine finanziellen Interessen.

Penis captivus

Jeder Mann hat klassische, zum Teil von seiner ihm zugewiesenen Rolle in der Gesellschaft, von Klischees und Mythen beeinflusste Träume und in nicht wenigen von ihnen kommt sein Penis vor. Sofern sie allerdings auch mit der Vagina zu tun haben, können sie zuweilen zum Alptraum werden. Eine der ältesten Legenden rund um die Vereinigung ist die des Penis captivus, des gefangenen Penis, der während des Geschlechtsaktes durch einen Scheidenkrampf der Frau festgeklemmt wird, selbst wenn die Erektion bereits abgeklungen ist. Dieser Umstand, in unmittelbarer Nähe zur mythischen → Vagina dentata stehend, zur ureigensten Angstvorstellung der Männlichkeit von der gezahnten Vagina, kommt bei Menschen allerdings nur selten in der Stärke vor. Häufiger nachgewiesen wird er bei Tieren, vor allem bei Hunden.

Nicht zu verwechseln ist die beklemmende Situation mit der so genannten Saugvagina, einer ausgefeilten Liebestechnik, die nur wenige und angeblich vor allem orientalische Frauen perfekt beherrschen sollen. Hierbei verzichtet das Paar auf fast alle Bewegungen beim Liebesakt; die Stimulation der Geschlechtsorgane wird allein durch ein kräftiges innervaginales Muskelspiel ausgelöst. Sollte Sie jedoch unwahrscheinlicherweise ein echter Anfall des Vaginismus ereilen und Ihr Hausarzt ist nicht erreichbar, gibt es keinen Grund, hysterisch zu werden und ein Großraumtaxi zum Krankenhaus zu bestellen. Der Krampf dauert normalerweise höchstens einige Minuten. Und es gibt einen versteckten Knopf, um den Mechanismus wieder zu lösen: Stecken Sie vorsichtig einen oder zwei Finger in den Anus der Dame und sie hebt die Gefangennahme auf.

Pferd

Das Pferd wird seit der Frühzeit des Menschen mit starken erotischen Assoziationen belegt, wobei es wohl nicht so sehr um eine übermäßige Potenz oder um eine sexuelle Aktion oder Interaktion geht, sondern um die besondere Komplexität seines Verhaltens, um seine Sinnlichkeit sowie um die generell latent erotisierte Beziehung zwischen dem Menschen und diesem Tier. Auch das Reiten an sich ist durch den unmittelbaren intensiven Körperkontakt, verbunden mit rhythmischer Bewegung, sinnlich geprägt.

Im zwischenmenschlichen Liebesspiel kommt es deshalb unweigerlich zum Vergleich mit dem Pferd; das *equus eroticus* gehört als Pony-Spiel zum Standard-Repertoire eines kreativen Sexuallebens. Gerne werden dabei → Toys wie Sattel, Gerte und Zaumzeug zu Hilfe genommen, die das Geschehen in den Zusammenhang mit → Bonding, Spanking und Disziplin stellen.

Vom Kindesalter an bis in die Pubertät trägt das nahezu obligatorische Pferdespiel und der Umgang mit diesen Tieren meist nur unterbewusste erotische Züge. Spätestens danach dürfte es jeder Reiterin und jedem Reiter in den Sinn kommen, durch das Traben, Galoppieren und Springen vor allem ohne Sattel gewisse Höhepunkte erleben zu können. Im pornografischen Bereich ist der Sexualakt mit Pferden eines der häufigsten Sujets, wobei die Penisgröße und der tatsächlich durch Handarbeit erreichbare Samenerguss des Hengstes im Vordergrund stehen. Fast nie gezeigt werden jedoch die Liebesakte, die seit Urzeiten von allen Reitervölkern, beispielsweise den Tartaren und den Gauchos, auf dem Rücken ihrer Tiere vollzogen werden. Die Stellung ist so einfach wie unfallträchtig; die Partnerin sitzt rittlings dem Reiter gegenüber, kann sich an ihm festhalten oder nach hinten auf den Hals des Pferdes fallen lassen.

Poppers

Vor allem in der Schwulenszene sind sie immer wieder zu beobachten: ganze Kerle, die sich verzückt ein kleines Fläschchen unter die Nase halten wie einst die Comtessen kurz nach der Ohnmacht. Eines der beliebtesten modernen Aufputschmittel ist das Poppers genannte Amylnitrit, ein blutdrucksenkendes Medikament, das bis vor einigen Jahren hauptsächlich als Geburtshilfemittel verwendet wurde und bis heute gegen Angina Pectoris eingesetzt wird. Es entspannt die Herz- und die unwillkürlich innervierte Muskulatur einschließlich des analen Schließmuskels, was vor allem bei extremeren Gangarten wie dem → Fisting erwünscht ist. Erhofft wird von dem Medikament auch eine verstärkte Erektion; bei einer spontanen und häufig vorkommenden Überdosierung tritt jedoch das Gegenteil ein. Als Trendprodukte sind in der Szene zahlreiche Marken in verschiedensten Geruchsrichtungen und differierender chemischer Zusammenstellung in Gebrauch. Es gibt einige gesundheitliche Bedenken; so kann eine regelmäßige Einnahme sich möglicherweise negativ auf die körpereigenen Helferzellen auswirken, was vor allem bei einer HIV-Infektion fatale Folgen hätte. Doch dies ist nicht zureichend bewiesen. Nicht auszuschließen ist die Möglichkeit einer psychosomatischen Abhängigkeit. Unklar ist im Übrigen auch die Herkunft des Wortes; allzu nahe jedoch liegt das umgangssprachliche »poppen«. Popeye dagegen ist unschuldig, denn er benutzt Spinat. Wahrscheinlich ist mal wieder die fabulöse fliegende Gouvernante Mary Poppins mit ihrer Antworten auf alle Fragen beinhaltenden Zauberhandtasche verantwortlich. Nehmen wir es mal an.

Porzellan

»Und ich sage dem Fahrer, er fährt Porzellan, das bei scharfem Bremsen zerbrechen kann …« Es ist ein altmodisches Bild, mit dem die Berliner Diseuse Georgette Dee eine nächtliche Taxifahrt beschreibt, und doch wirkt es auch heute noch, in Zeiten unzerstörbarer Werkstoffe und Haushaltsgüter. Das Porzellan ist ein selten sinnliches, bildhaftes Material. Es rührt uns jede alte chinesische Dschunke, die nach 3 000 dunklen, kalten Jahren auf dem Meeresgrund ins Licht gesetzt wird und unzerbrochene filigrane Gebilde voll Zartheit und Kostbarkeit birgt, inmitten all der zerschmetterten Knochen und Schädelberge der Weltgeschichte. Es schmerzt uns jede Lieblingstasse, die über die Tischkante rutschte, und jeder goldgeränderte Teller aus dem Familiengeschirr der Großtante, der, in einem Wutanfall oft nichtigen Anlasses auf dem Boden zerschellend, Sinnbild wird für das Vergehen jeder behaupteten Vollständigkeit. Porzellan, das »weiße Gold«, dient in hellhäutigen Kulturgebieten seit Jahrhunderten auch einem der absurdesten Vergleiche mit der unberührten, reinen, farblich nicht zu beschreibenden Haut junger Menschen – um nicht immer Mädchen zu sagen. Es schmerzt vor allem die Gewissheit, dass nichts so bleiben wird, wie es ist, und dass wenig von selbst zerfällt, sondern zerbrochen wird.

Entsprechend sinnlich ist auch die Herkunft der Bezeichnung: Das Wort Porzellan stammt aus dem Italienischen; *porcellana* stand einst für die Kaurischnecke, die aufgrund ihrer Ähnlichkeit mit der weiblichen Geschlechtsregion so genannt wurde. Die Vagina hieß entlang des Apennins einst *porcellano*, Schweinchen, abgeleitet von *porco*, dem Schwein. Um auf diesen Umstand nicht näher einzugehen, sei schnell ablenkend auf andere Vergleiche zwischen Muscheln und »Muschis« verwiesen, beispielsweise bei der *concha veneris*, der Venusmuschel. Und zurück zum Geschirr: Das antike chinesische Porzellan hatte eine ähnlich gelbweiße Oberfläche wie das Gehäuse der Kauri und so übertrug sich der Name auf den im 16. Jahrhundert entwickelten Werkstoff, der uns heute unter diesem Namen bekannt ist. Unter der sprachlich legendären Porzellanfuhre verstand man wiederum die im 18. und 19. Jahrhundert besonders behutsam durch die Straßen Berlins, Paris' und Wiens gelenkten Kutschen, in denen sich Pärchen einem durch den damaligen Straßenbelag wahrhaft aufrüttelnden Liebesspiel widmeten. Nicht nur wahre Liebe war dort unterwegs, auch die Prostitution beiderlei Geschlechts spielte sich gerne auf Rädern ab, wobei mit Porzellanmädchen und -jungen wiederum eher die Jüngsten des Gewerbes bezeichnet wurden. Die romantischen Hintergründe des Wortes haben sich heutzutage verloren: Für die Küche gibt es Werkstoffe der Raumfahrtforschung und die Straßen sind weitgehend stoßfrei präpariert. So manches schöne Sprachbild zerspringt auf dem Boden unserer Entwicklung in tausend Stücke.

Priapismus

Eine gigantische, übernatürliche und dauerhafte Erektion ist seit Menschengedenken der Traum vieler Männer. Lediglich all jene, die das bereits einmal mitgemacht haben, werden etwas vorsichtiger. Es kann nämlich vorkommen, dass der Traum über Nacht Wirklichkeit wird, verursacht durch einen Blutstau aufgrund nervlicher Störungen, Thrombosen in den Schwellkörpern, Entzündungen des Unterleibs, Infektionen oder auch durch Vergiftung, beispielsweise mit der → Spanischen Fliege. Was folgt, ist ein meist schmerzlicher Alptraum ohne jedes sexuelle Empfinden. Verschwindet die Erektion durch blutverflüssigende Arzneien nicht selbst wieder in den mythischen Bereich, hilft nur der chirurgische Eingriff, in dessen Folge bei vielen Betroffenen mit Impotenz gerechnet werden muss.

Priapos, der griechische Göttersohn, der dem Begriff den Namen gab, war mit einem überdimensionalen Geschlechtsorgan ausgestattet und wurde so zu einer häufig als Standbild, in Gemälden und als Devotionalie dargestellten Figur. Seine Zeugung schrieb Geschichte: Die schaumgeborene Schönheitsgöttin Aphrodite war mit ihrem Gatten, dem Schmiedegott Hephaistos, mal wieder unzufrieden und vergnügte sich mit dem Kriegsgott Mars. Der eifersüchtige Gemahl entdeckte die beiden und warf ein Netz über sie. Flugs eilten die anderen Götter herbei und erfreuten sich an dem Anblick des verhedderten Paares; Dionysos verliebte sich augenblicklich in Aphrodite, pflückte sie sich aus dem Netz und zeugte ebenjenen Priapos. Dessen immer während aufgerichteter Phallus stand seither wie jene Glieder zahlreicher anderer Olympbewohner und Halbgötter für Fruchtbarkeit und reiche Ernte. Uns Erdenbewohnern hat die Sehnsucht nach dem ewig Steifen indessen selten gut getan.

Quickie

Der Quickie wird im wirklichen Leben wesentlich seltener praktiziert, als von ihm berichtet wird. Faszinierend an dem in Minutenschnelle ungeplant und oft in der Öffentlichkeit vollzogenen Geschlechtsverkehr ist seine häufige Unabhängigkeit von Beziehungen, die spontane Entscheidung und die ausbleibende Reflexion des Aktes, da man den Partner möglicherweise nicht mehr wieder sehen wird. Die Momente, da man mit einem oder einer Unbekannten tatsächlich manchmal nur einen treffenden Blick tauscht und sich dann in einen dunklen Winkel zurückzieht, in Hinterhöfe, Flure, dumpfe feuchte Ecken, um oftmals an Mauern oder anderen Stützen stehend den Akt zu vollziehen, sind doch eher selten. In der homosexuellen Lebenswelt spielt der spontane Sex mit Unbekannten jedoch eine größere Rolle; hier ist er durch die jahrhundertelange erzwungene subkulturelle Sexualität nahezu obligatorisch geworden.

Zu einem Quickie, dessen Name weniger mit dem Verb quieken als mit dem englischen *quick*, schnell, zu tun hat, gehört beiderseitiges Einverständnis und mehr Abenteuerlust als Sentiment. Er kann auch Teil einer gewissen Neigung sein, sich in der Öffentlichkeit mehr oder weniger unbemerkt zu vereinigen. Für einen nicht ganz echten, durch Kontaktaufnahme vorgeplanten Quickie wirbt man in Kleinanzeigen mit dem Kürzel RRR: Rein, Raus, Runter.

R

Reibung

»Die Liebe und der Suff, die reiben eenen uff.«

Berliner Volksweisheit

Riechen

Liebe geht durch die Nase, denn mit dem Magen kann man genau das nicht tun, weswegen man ihm jene zentrale Funktion in unserem Gemütsleben gerne zuweist: Allein unsere Geschmacksknospen in Nase und Gaumen schicken alle guten Gedanken in den Bauch hinab, derweil sich die Wohlgerüche dort unverzüglich modifizieren. Der Geruchs- und Geschmackssinn mit seinen gängigen Bewertungen ist vielleicht der gesellschaftlich verklärteste; mit keiner anderen Empfindung werden wir im System unserer Wertungen so subtil gesteuert. Menschliche Ausdünstungen, natürlichste Gerüche, unsere eigenen Ausscheidungen erscheinen uns heute als ekelhaft und übel, bestenfalls als »tierisch«, was natürlich zutrifft. Auch die Sprache zeigt sich diesbezüglich desorientiert; wenig Begriffe mögen diesen Bereich zutreffend beschreiben. Die sexuell lustvolle Orientierung an persönlichen Gerüchen heißt im Fachjargon Osphresiolagnie, ein Wort, das sich wohl nie durchsetzen wird. Dabei meint es den Weg unserer ureigensten Kommunikation, welche wie keine andere Äußerung über Geruchs-, Markierungs- und Signalstoffe funktioniert. Bei den im Gegensatz zu uns nicht allzeit bereiten Tieren verkünden die Pheromone, treffend Botenstoffe übersetzt, die Bereitschaft zur Paarung, regeln den an bestimmte Gruppen oder Individuen gebundenen Verkehr und stimulieren oder wehren ab. Doch auch wir, nicht mehr darauf angewiesen, springen noch in höherem Maße, als uns manchmal lieb ist, auf Gerüche an. Unterbewusst entscheiden wir schon bald, ob wir »jemanden riechen« können oder nicht, und auch die Bereitschaft zu Intimitäten wird dadurch entscheidend unterstützt. Der individuelle Körpergeruch jedes einzelnen Menschen, kombiniert aus verschiedensten Pheromonen, entsteht in den apokrinen Drüsen in den Achseln, an der Brust, der Wange und der Kopfhaut, am Augenlid und im Ohrkanal und natürlich vor allem im Genitalbereich. Bei den Männern wirken hauptsächlich die Steroide Androstenon und Androstenol, bei den Frauen die kombinierten Säuren der Copuline. Während einem das Sehen und Hören im Großhirn vergeht, wandern die Geruchsdaten in das primitiver entwickelte limbische System, welches für den Komplex der Triebe und Emotionen zuständig ist.

Die meisten Botenstoffe goutieren wir unterbewusst. Nehmen wir heute menschliche Gerüche wahr, sind sie entweder durch Fremdstoffe modifiziert oder wir empfinden sie unverzüglich als unangenehm. Innerhalb weniger Jahrzehnte hat uns die Industrie in dieser Hinsicht zu abhängigen Konsumenten einer gewaltigen Palette von Produkten erzogen, auf die wir nicht mehr verzichten zu können glauben. Sympathie ist heute weniger eine Sache ursprünglicher Empfindung als ein Phänomen der Darstellung, Maskierung und Konditionierung. Mag unser überparfümiertes Dasein an vielerlei Orten und Aborten durchaus nötig erscheinen, kann es uns jedoch auch einer

Menge sinnlicher Momente berauben. Die logische Überreaktion in dieser Hinsicht spiegelt ein so kurioser wie boomender Trend auf dem Sexualienmarkt: Der Handel mit alten Socken und getragenen Slips hat Hochkonjunktur. Während es in Japan bereits Automaten dafür geben soll, beziehen hiesige Osphresiolagniker und Fleckenfetischisten ihre Ware in der Regel per Post, oftmals aus so genannten Drittweltländern. Ob dies als Entwicklungshilfe gelten kann, sei dahingestellt ...

Ringelpiez

siehe → Rudelbums

Rohrkrepierer

Das Rohr als Bezeichnung für den erigierten Penis ist in der aggressiv männlichen Sprachanwendung ein im wahrsten Sinne des Wortes stehender Begriff. Es sind nicht nur die Klempner, die ebenjene Objekte gerne verlegen; durch Rohre wird vor allem geballert, geschossen, geknallt, was die Magazine hergeben. Doch da Maulhelden meist Feiglinge sind, ist vom Rohrkrepierer – in jedem Material verschleißenden Gefecht obligatorisch – kaum die Rede. Jener meint in militärisch-technischem Sinne ein Geschoss, das zu früh, nämlich bereits im Geschützrohr explodiert, was für die Umstehenden eine unfeine Sache ist, den Feind jedoch erfreut. Im Zusammenhang dieser Sammlung ist die Definition des Wortes jedoch ein Umstand, der beide Seiten ziemlich kalt lassen dürfte: Der retrograde, in die Blase gehende Samenerguss juckt die gegenüberliegende Partei nicht weiter und die krepierende Seite ist sich dessen oft nicht einmal bewusst.

Obwohl wir heute im Allgemeinen viel über die Sexualität zu wissen meinen, ist eines der seltenst angesprochenen Themen der Orgasmus des Mannes. Die Variationen der Ejakulation werden zur Genüge besprochen, ob zu früh, zu spät, nach innen oder gar nicht. Der mentale Höhepunkt jedoch verschwindet zumeist völlig hinter diesem Vorgang. Jahrhundertelang konstituierten die Männer ihre Macht durch das zuverlässige Erreichen des Samenabganges ohne zu bemerken, dass dies nicht gleichbedeutend mit einem Orgasmus ist. Wenn sie es ahnten oder tatsächlich einmal zu spüren bekamen, konnten sie es nicht zugeben und die Frauen zogen derweil in ihrer sexuellen Bewusstwerdung und Emanzipation fröhlich winkend an ihnen vorüber.

Doch auch die Neupositionierung des Mannes als sensibler, aufgeklärter Partner, bedacht auf gegenseitige Lust und vor allem auf einen in allen Ratgebern propagierten gleichzeitigen Höhepunkt, bringt das Thema nicht ans Licht und hält die hinderliche maskuline Leistungsorientierung aufrecht. Zu sehr ist er nun auf die geänderte Pflichterfüllung bedacht anstatt die weibliche Verbindung von Geist, Körper und allen Sinnen zum Vorbild zu nehmen und die hehren technik- und machtorientierten Wahrheiten endlich selbst zu hinterfragen. Es ist das Thema der Zukunft, Aufgabe der Psychologen und Anforderung aller Meinungsmacher: die Entdeckung des männlichen Orgasmus, aller Ejakulation zum Trotze. In jeder Illustrierten sahen wir sie im Laufe der letzten dreißig Jahre: Prominente oder auch sozusagen ganz normale Frauen, die freimütig zugaben, dass sie noch nie, erst mit siebzig Jahren oder nur durch Selbstbefriedigung einen Orgasmus erlebten. Schwer vorstellbar, einer unserer Politiker, Konzernbosse oder ›Tatort‹-Kommissare äußerte sich ähnlich bekennend vor den Kameras – die halbe Welt, die ganze Wirtschaft und so manche Front bräche augenblicklich in sich zusammen.

Rudelbums

siehe → Gruppensex

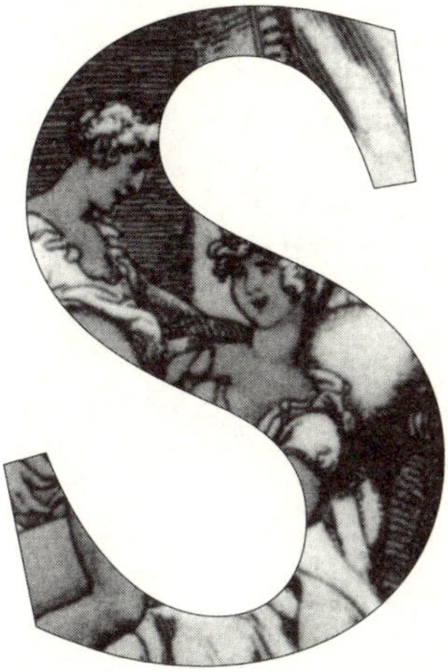

Scham

»Heutzutage schämt man sich beinahe, dass man sich immer noch für Dinge schämt, für die man sich früher auch geschämt hat.« *Jaques Tati*

Scheidung

»Es gibt sicher viele Gründe für die Scheidung, aber der Hauptgrund ist und bleibt die Hochzeit.« *Jerry Lewis*

Seemannsbraut

»Schön ist die Liebe im Hafen, schön ist die Liebe zur See; einmal im Hafen nur schlafen, sagt man nicht gerne Ade …« Abertausende Lieder rund um die Welt künden bereits seit dem Altertum von der großen Liebe des Menschen zur Mutter allen Lebens, zur See, zum Meer, zu den Ozeanen. Meist war es in vergangenen Jahren eine Liebe bis in den Tod, und ob sie letztendlich glücklich war oder nicht, spielte keine Rolle mehr, wenn man sich einmal dafür entschieden hatte. Nun führen die Seeleute aber ein recht gesundes Leben; zumindest über Wasser sind es raue, stabile Kerle mit einer entsprechend konstituierten Libido, die nicht nur anlässlich gelegentlicher Hafengänge nach Erfüllung sucht. Entsprechend ausgeprägt ist folglich die maritime Kultur der Ersatzbefriedigungen, wobei bedacht werden muss, dass die Besatzung in der Regel große Schlafräume und keine

Einzelkabinen hat. Während die heutige erotische Warenwunderwelt die breite Palette von aufblasbaren Gummidamen und separaten Ersatzvaginae als Seemannsbräute bezeichnet, ist wohl hinsichtlich dieser Schlafräume an ein ganzes Spektrum von Möglichkeiten der Befriedigung zu denken, aber kaum an ein Spielzimmer, in dem ein jeder in Gedanken an seine zu Hause wartende »zuckerseute Deern« das Püppchen aufbläst. Jene würdelosen Mehrwegbräute, stets offen und der Widerworte nicht mächtig, sind wohl eher etwas für einzelgängerische Sofapiraten und Wohnküchenfreibeuter, für die die ferne Welt schon jenseits der Fußmatte beginnt. Nur der Gerechtigkeit halber sei nicht verschwiegen, dass es nicht nur Lola, Glenda und Jenny gibt, sondern für die Matrosin von Welt auch »Mr. Rock Hardon, ein Kerl wie ein Baum«. Aber Vorsicht, trotz mächtiger »Vibrations-Lustlanze« hat Rocky eine zarte Haut und dürfte den Pranken einer echten Seebärin wohl kaum gewachsen sein.

Seine Bezeichnung müsste übrigens korrekterweise »Seefrausbräutigam« heißen – doch nein, so herum funktioniert das Spiel der Geschlechter natürlich nicht; stets ging es im Puppensektor wie im wirklichen Leben um den Triumph des Menschen über die Natur, gemeint als der des Mannes über die Frau, und keinesfalls andersherum. Schon anno 1886 ließ der Schriftsteller Villiers de l'Isle-Adam in seinem Buch ›L'Eve future‹ den Erfinder Edison eine lebendig erscheinende Kunstfrau erschaffen, die sich per Schalter an- und ausstellen ließ. Die Vision vom Ende der Bedrohung des Mannes durch die Frau wurde hier erstmals Wirklichkeit!

Mr. Rock Hardon reiht sich also ein in die Palette der Plastikbräute und damit in bestehende Geschlechterverhältnisse, da er eher für die Klientel gedacht ist, die eh nichts mit Matrosenliebchen im Sinn hat. Motivgeschichtlich erkundet der Seemann seit eh und je das andere Ufer, sei es aus Verlegenheit oder aus Überzeugung. Die Ablehnung, mit der bei aller selbstverständlichen Praktizierung die Homosexualität auch zu Wasser öffentlich betrachtet wird, beruht wohl auf dem ersten Wort des Ausdruckes christliche Seefahrt; in anderen Kultur- und Religionskreisen lockt durchaus nicht nur das Weib. Sogar die allseits bekannte, untenrum beschuppte Nixe war einst ein Nix, der mal als Greis und mal als Knabe die Kerle mit Gesang und Harfenspiel zu sich in die Tiefe zog. Im Übrigen sind die alten Schifffahrtsrouten laut verschiedener Berichte gepflastert mit Zeugnissen der Matrosenliebe und des Schwulenhasses: Wer sich in den vergangenen Jahrhunderten mit dem Schiffsjungen einließ und erwischt wurde, wurde zusammen mit dem Subjekt seiner Begierde in einen Sack aus Rupfen eingenäht und kurzerhand über Bord geworfen. Es ist eben doch alles so, wie es gesungen wird: Meine Braut ist die See und nur ihr kann ich treu sein … La Paloma, ohe!

Sex

»Ich weiß nicht, wie die Frage lautet, aber die Antwort heißt mit Sicherheit: Sex.« *Woody Allen*

Sodomie

Als Sodom und Gomorrha, zwei Städte am Toten Meer, laut 1. Buch Mose 19, 4 aufgrund der Verworfenheit ihrer Bewohner von Gott zerstört wurden, verzichtete man auf detaillierte Beschreibungen der Vergehen. Der Begriff der Sodomie stand fortan für alle möglichen Formen des geschlechtlichen Verkehrs, die nach der Bibel als sündhaft anzusehen waren, sei es die homosexuelle Neigung von Männern wie von Frauen, Inzest, Analverkehr oder Verkehr mit Tieren. Die Zuordnung der Inhalte ist verwirrend und keinesfalls übersichtlich. Umgangssprachlich durchgesetzt haben sich jedoch der Verkehr unter Männern und jener mit dem lieben Vieh, beide definiert durch die vorausgesetzte anale Penetration. Die verschiedenen Auslegungen bis zum Mittelalter sind nur sehr selten dokumentiert, doch spätestens seit Thomas von Aquin (1225 bis 1274) galt die anal fixierte Sodomie als die schlimmste aller Sünden aus fleischlicher Lust. Der Sodomist und seine Nachkommen seien auf immer in Schimpf und Schande.

Das heilige Offizium der spanischen Inquisition stellte die Sexualität ins Zentrum ihres Bemühens, die Zucht im Sprechen und Handeln durchzusetzen. In der Sanktion der katholischen Könige von 1497 war für Sodomiten der Feuertod vorgesehen. Bliebe die Sünde ungestraft, schickte Gott die Pestilenz auf die Erde. Diese Vision der Himmelsstrafe schloss die Sodomie endgültig als Verursacher des Übels in die Urängste des Christentums ein. Im späten 16. Jahrhundert entwickelte sich der Tatbestand der Sodomie zur etwas klarer verwalteten strafrechtlichen Sache; die Todesstrafe war zwar noch möglich, aber nicht mehr obligatorisch. Der Begriff umfasste nach wie vor den Analverkehr, jetzt auch den zwischen Mann und Frau, sowie die weibliche Homosexualität. Man unterschied nun jedoch öfter zwischen menschlicher und bestialischer Sodomie, separierte also die Zoophilie. Im Lauf der Zeit konzentrierte sich das Wort auf die besonders in städtischen Lebensräumen alltägliche männliche Homosexualität, die mehr durch gesellschaftliche Systeme als durch besondere Fixierung zumeist zwischen älteren und jüngeren Männern stattfand, zum Beispiel nahezu regelmäßig zwischen Lehrherren und deren minderjährigen Auszubildenden. Auch bei Soldaten, Seeleuten und anderen Randgruppen mit breitem Altersspektrum war der geschlechtliche Verkehr zwischen Alt und Jung häufig, was die Definition der Sodomie als Päderastie stark förderte. Bis in die fünfziger Jahre des 20. Jahrhunderts stand der Begriff lexikalisch für den geschlechtlichen Verkehr zwischen Männern sowie zwischen Mensch und Tier und diskriminierte den gesamten homosexuellen Komplex. Erst in den letzten Jahrzehnten wird das nichts sagende Wort endlich lediglich umgangssprachlich für die Zoophilie verwendet. Nur manchmal steht es noch an der Wand im Männerpissoir: »Wie du mir, Sodomie« …

Spanische Fliege

Nicht aus einer Fliege wird der Wirkstoff des auf allen Sexmärkten verbreiteten → Aphrodisiakums gewonnen, sondern aus der Niere des smaragdgrünen Blasenkäfers Cantharis vesicatoria. Folglich heißt das Nervengift auch Cantharidin. Ein weiteres Missverständnis hinsichtlich des streng riechenden und brennend schmeckenden Sekrets, dessen üble Note man durch Beimischung von Pfeffer zu kaschieren versucht, ist seine Wirksamkeit. Schon seit dem Altertum bekannt und bereits im Cäsarenpalast des Augustus zu Intrigen durch sexuelle Aufstachelung eingesetzt – damals freilich noch als gemahlenes Ganzkörper-Trockenpräparat –, erzeugen die armen Tierchen eine starke Reizung von Harnblase und -röhre beim Urinieren und in der Folge eine gewisse Aufregung in den Geschlechtsorganen.

Spürt man diese jedoch, ist es bereits zu spät. Nicht die Sexualität wird hier stimuliert, sondern das Alarmsystem des Körpers, denn die Wirkung des Cantharidin wird gar mit der des Senfgases verglichen und der Reiz ist schlichtweg eine entzündete, letztlich schmerzende Vergiftung. Die nur durch eine bereits kritische Dosierung hervorzurufende Erektion ist lediglich ein pathologischer → Priapismus und der möglicherweise letale Ausgang der heißen Liebesnacht weniger dem Eros denn einer schlichten, aber rapiden Nierenschädigung zu verdanken. Bis vor wenigen Jahren war cantharidenhaltiges Konfekt in toxischer Dosierung in aller Munde; heute ist der Wirkstoff nur noch auf dem Etikett und in homöopathischen, absolut wirkungslosen Spuren zu finden. Hauptsache, der Umsatz steht. Das sollte einem nicht spanisch vorkommen …

Sterben

»Der Unterschied zwischen Sex und Sterben besteht darin, dass Sterben eine Sache ist, die man alleine machen kann, und dass niemand über einen lacht.« *Woody Allen*

Sünde

»Neugier ist die Sünde, die jede andere nach sich zieht ...«
Ludwig Tieck

Swinger

Der Swing gehört, seit er sich in den zwanziger Jahren aus verschiedenen Grundrichtungen der afroamerikanischen Jazzmusik formierte, zu den Begriffen, die als Synonym für Lebensfreude, Individualismus und Lässigkeit stehen. In Windeseile eroberte er die ganze Welt. In den Fangemeinden ließen sich die Boys und Babys, nicht unbeeinflusst von verschiedenen Jugendbewegungen jener Jahrzehnte, die Haare wachsen, warfen sich in schicke Klamotten und hotteten in den Clubs die Nächte durch, während sich die Eltern über die »Negermusik« echauffierten. Mitte der dreißiger Jahre wurde die Swingszene in Europa zwangsläufig politisiert und weitgehend verboten; in der Nachkriegszeit blühte sie jedoch schlagartig wieder auf. Der Begriff des Swing war derweil von Amerika aus in alle anderen Konsumbereiche übergegangen und stand nach wie vor für Leichtigkeit, Kommunikationsfreude und ein auch sexuell unbeschwertes Leben.

Als 1965 die amerikanische Firma Polaroid ihre legendäre Schwarz-Weiß-Sofortbildkamera »Swinger Modell 20« auf den Markt brachte, schrieb sie damit nicht nur Fotografie- und Kunstgeschichte. Ohne Vorsatz revolutionierte sie auch die Szene der Sex- und Pornofotografie der → Amateure, die fortan nicht mehr auf die Diskretion ihres Fotohändlers angewiesen waren. Aussagekräftige Fotos boten toleranten und partnertauschfreudigen Freundes- und Ehepaaren erweiterte Möglichkeiten der Kontaktaufnahme und der Suche nach Gleichgesinnten. Und was einzigartig war: Die ganze Szene nannte sich fortan nach dem neuen Markenprodukt; der Swinger eroberte die erotische Welt. Nun waren auch die bürgerlichen Kreise in der Lage, ihre eigenen Wege durch die Flower-Power-Jahre zu gehen und die sexuelle Revolution auf ihre Art mit flotten Dreiern, fliegendem Wechsel und Gruppensexpartys zu begehen. Dem Sofortbild sei Dank! Wie sagte die Werbung: »Meet the swinger – It's more than a camera, it's almost alive …«

Tabu

Wissen Sie, was ein Tabu ist? Sie halten gerade eines in der Hand, denn der Buchhändler kürzt damit das so genannte Taschenbuch ab. Preiswert und flexibel, ist es im Gegensatz zum fest im Hardcover gebundenen Druckwerk für solch ein Thema geradezu ideal; als Nachschlagewerk nämlich dient es nur sehr begrenzte Zeit, denn die Auslegungen der Begriffe ändern sich rasch wie der Wind. So zum Beispiel auch das Tabu, das eigentliche, das als *tapu* in der polynesischen Religion ursprünglich für alle heiligen, unberührbaren, sogar nicht einmal erwähnbaren Dinge stand. Abenteurer und Piraten brachten das französische *tabou* und das englische *taboo* in unsere Breiten. Auch hier galt es lange Zeit als Bezeichnung für ein rituelles oder gesellschaftliches Verbot, nun hauptsächlich bezogen auf das Feld der Sexualität. Mit der ursprünglichen Bedeutung gemein hatte es bald nur noch seine Wirkung, die in jedem, der es nicht achtete, schlechtes Gewissen, Schuld oder Scham verursachte.

Je weltlicher mit den Jahren unsere Sicht auf die Sexualität wurde, desto flacher wurde auch der Tabubegriff: Gemeinhin dient er heute nur noch als Variante für das Verbot, bestimmte sexuelle Dinge öffentlich beim Namen zu nennen, auszusprechen oder zu diskutieren; meist ist es lediglich eine Angelegenheit des Gehorsams gegenüber staatlicher oder familiärer Autorität. Das Tabu als in einer Gesellschaft gemeingültiger Ausschluss bestimmter Handlungen hat seine Wirkung großenteils verloren; heute dient es sogar als eines der beliebtesten und meist verwendeten Werbewörter für die illegalen Seiten der Pornografie. Was verboten ist, so heißt es, das ist gut. Zumindest gut verkäuflich. Gab es in den sechziger Jahren noch heftige Diskussionen um die Möglichkeit einer tabulosen Welt, hat sich der Begriff inzwischen fast völlig aufgelöst. Was das vorliegende Tabu dank seiner stabilen Verarbeitung nicht tun sollte.

Teledildonik

Der Traum von der technischen Nachahmung des realen, natürlichen, unberechenbaren Lebens ist uralt. So wundert es kaum, dass bereits mit der Weiterentwicklung der Fertigkeiten der Feinmechanik und Uhrmacherkunst der Nachbau bewegter erotischer und sexueller Aktionen zahlreiche Liebhaber fand. Vor allem aus dem 17. und 18. Jahrhundert sind ausgefeilte, zum Teil in das Taschenformat verkleinerte Automaten bekannt, die – oftmals in Verbindung mit der Zeitmessung – ein unentwegt im Sekundentakt kopulierendes Paar darstellen. Seit man der Technik auch körperverträglich Herr wurde, setzte der → Vibrator als erstes automatisiertes Hilfsmittel ein deutliches Zeichen.

In den siebziger Jahren des letzten Jahrhunderts drehte ein Gerücht, das den Quantensprung endlich für vollbracht erklärte, seine medialen Runden: Angeblich plante die größte deutsche Erotikartikelfabrikation kleine Kabinen auf den Bahnhöfen, ähnlich den bekannten Fotofix-Automaten, in denen der Reisende sich während der Wartezeit auf den Zug schnell durch eine elektrische → Vaginette befriedigen lassen konnte. Natürlich sprach man damals noch nicht von einem eventuellen weiblichen Bedarf für diese Einrichtung, wobei eine solche auch aus hygienischen Gründen erheblich einfacher zu installieren gewesen wäre.

Heute hat man das Ziel wesentlich weiter gesteckt und folglich sprechen wir von der Teledildonik, denn das griechische *telos* heißt Ziel und der Dildo als einfachstes technisches Stimulationsobjekt ist als → Godemiché näher erläutert. Es geht, kurz gesagt, um den hightechnologisierten, elektronikgesteuerten impulsechten Sex via Kabel oder Satellit, von Mensch zu Mensch und zugleich von Maschine zu Maschine. Die Authentizität besteht in der möglichen Zeitgleichheit der Aktionen, selbst wenn die Partner sich auf verschiedenen Erdhälften befinden. Penis- und Vulvaprothesen werden individuell -- und möglicherweise auch dem lebenden Vorbild detailgetreu nachgebildet – zur Handlung gebracht, indem der eine Mensch den Computer, der seine Körpersignale mittels Elektroden auswertet, sozusagen stimuliert, welcher daraufhin seinem digitalen Partner mitteilt, wie dieser den anderen Menschen zu behandeln hat. Zu Risiken und Nebenwirkungen fragen Sie Ihren Informatiker oder Psychiater.

Tittentrimm

Die Brüste als Symbol der Weiblichkeit, der Mütterlichkeit und Fruchtbarkeit sind nicht nur die augenfälligsten sexuellen Merkmale der Frau, sondern durch das mediale geschlechtliche Ungleichgewicht generell die am meisten besprochenen, betrachteten, begriffenen Sexualorgane. Dass auch der Mann eine Brust hat, die sich durch eine zwar andere, jedoch ebenso hohe Sensibilität auszeichnet, ist in unserer erotischen Alltagskultur noch nicht gleichwertig präsent. Zumeist liegt das nicht an einer diesbezüglichen Ignoranz der Frauen, sondern in der mangelnden Selbstkenntnis des Mannes, verbunden mit seiner ergebnis- und machtorientierten Fixierung auf den Unterleib. In der Kindheit ist die taktile Erkundung meistens noch auf den ganzen Körper bezogen, doch später dient die Brustpartie lediglich als Macht ausdrückende Masse, als unvermeidbares Teilstück zwischen Kopf und Penis oder als technisches Distanzstück, damit der Hals nicht direkt in den Bierbauch mündet. Viele Männer wissen kaum, was ihnen dabei entgeht. Ob gorillamäßig behaart und beim Daraufttrommeln tief tönend oder picklig nackt, schmächtig und Krater bildend – die gesamte Partie und natürlich vor allem die Brustwarzen sind empfänglich für eine Vielzahl von Reizen.

Die Massage ist wohl die gebräuchlichste und vielfältigste Variante des auch in der Schwulenszene sehr beliebten so genannten Tittentrimms, denn sie kann sowohl solo als auch gegenseitig, sowohl als separate Übung als auch zusammen mit dem Geschlechtsverkehr durchgeführt werden. Der von einem leicht rüden Charme gekennzeichnete Begriff wird darüber hinaus sehr gerne im sadomasochistischen Bereich verwendet, wenn es um den Reiz der Schmerzwollust geht: Quetschen, Klemmen, Zwicken und Beißen – ist diese Zone der Lust einmal entdeckt, gibt es kein Halten mehr. Das auch im Piercing beliebte und in vielen Kulturen seit Urzeiten als Ritual gebräuchliche Durchstechen der Warzen sollte nur mit einer gewissen Fachkenntnis erfolgen. Die harmlosere Variante, das Anbringen von allerlei Klammern und Clipsen, manchmal unter Belastung durch Gewichte, wird in den letzten Jahren durch den wachsenden Markt der → Toys auch in »normalen« Schlafzimmern immer beliebter. Wem das Fachwerkzeug zu teuer ist, der findet im gut sortierten Haushaltsgeschäft allerlei tauglichen Ersatz wie Handtuchaufhänger, hübsche Tischtucheckenbeschwerer, Tannenbaumschmuck und natürlich die gute alte Holzklammer ...

Tod, Der kleine

Die meisten Menschen, um es kurz und ungenau zu formulieren, haben Angst vor dem Tod. Genauer befragt differenzieren sie diese Furcht vor dem Unbekannten und sie meinen damit nicht das Totsein selbst, sondern den Übergang, das Sterben, das Licht, das Himmelstor mit Pförtner Petrus davor, den Satan an der großen Rutsche in die ewige Fritteuse oder was auch immer sie damit verbinden mögen. Die in der Benennung von Sinnlichkeiten schon immer etwas begabteren Franzosen haben mit dem Ausdruck *le petit mort* eine sehr angenehme Art aufgezeigt, sich auf das Ende des Lebens übenderweise einzustellen: den Orgasmus. Während der komplexen Reaktionen tritt der Orgasmierende, falls es denn ein wirklicher Höhepunkt ist, kurzfristig in einen anderen Bewusstseinszustand über und verliert die Kontrolle über die diesseitige Welt. Das Blut rast aus dem Kopf hinunter zum Ort des Geschehens, die Herz- und Atemfrequenz steigt erheblich, das ausgeschüttete Adrenalin macht sich ans Werk und das Muskelgebäude erbebt wie die Welt am imaginierten Jüngsten Tag. Dem Partner zeigt sich ein jeder diese Schwelle überschreitende Mensch anders; manche scheinen das Ereignis äußerlich in völliger Unberührtheit hinzunehmen, andere toben, schlagen und schreien, und manche, vor allem Frauen, tauchen ab in eine tiefe, stille und dunkle Trance, mitunter gar in eine tatsächliche Bewusstlosigkeit. Letzteres kommt wohl dem »kleinen Tod« am nächsten und die in unseren rationalen Gefilden eher seltene Bezeichnung gewinnt ihren Charme in mehrfacher Hinsicht: Zum einen wünscht man sich diesen Moment wohl in aller Endlosigkeit, denn so fern liegen plötzlich Ehekrisen, Wetterberichte und Steuererklärungen. Zum anderen nährt er die sehnsuchtsvolle Vermutung, dass auch der wirkliche Tod unerwartete Lust zu bieten hat. Einen Partner, der diese Phänomene nicht kennt, wird das Ergebnis seines Tuns vorerst gehörig erschrecken. So mancher spontan eingeleitete Wiederbelebungsversuch wird hingegen schon zum Vorspiel für den zweiten Akt. Und weiter geht das Leben, solange es eben noch geht.

Toys

Die wuchernde Warenwunderwelt hat der sexuellen Vielfalt in den letzten dreißig Jahren ein wahres Paradies erschaffen, in dem das Kind im Manne und zunehmend auch in der Frau die Erfüllung jeglicher noch so abwegiger Fantasien finden kann. Die Erotikläden der neueren Zeit haben endgültig die Entwicklung von der → Ehehygiene zum Spielwarenhandel geschafft, und gab es schon früher in jedem Warenhaus eine Kinderecke, dürfte Toys'r'us demnächst wohl eine Krabbelabteilung für Erwachsene einrichten, in der sich die lieben Großen so richtig austoben können, während ihr Nachwuchs die nötigen Einkäufe tätigt. Die Bezeichnung Toys steht allgemein für all jene lustigen bunten Dinge, mit denen man sich heute vergnügt, wenn der Körper allein nicht mehr reicht. Altbekannt sind der Dildo und der → Vibrator; relativ neu ist dagegen die zumindest angeblich authentische Nachbildung von Gliedern pornografischer Superhelden, zum Beispiel des legendären → Long-Dong-Silver. Mit diesem Reality-Effekt kann ein anderer Verkaufsschlager kaum dienen. Der Anal Plug oder Butt Plug ist nicht als Abguss eines prominenten Analbereiches erhältlich, sondern meist ein ulkig ausgeformter kegelförmiger Gegenstand mit Haltegriff, der als Popostöpsel zur Darmstimulierung auch ganztägig getragen werden kann. Immer beliebter werden auch Gurte, Ketten und Bandagen aller Art, Penis- und Hodenringe, Kneifer und Zwicker, Peitschchen und Stöckchen, Masken, Lack- und Lederaccessoires und ganze Möblierungen wie gynäkologisch anmutende Liebesstühle sowie komplette Behandlungszimmer-Einrichtungen. Nahezu klassisch kommt dagegen der Sling daher, eine Art Schaukel oder Hängematte zum mehr oder minder akrobatischen Geschlechts- und vor allem Analverkehr, gerne benutzt auch für Übungen des → Fisting. In der Regel wird die Einrichtung an der Zimmerdecke oder zwischen Pfosten befestigt; sie besteht aus zwei an Seilen oder Ketten hängenden gekreuzten, breiten Lederbändern, in die man sich legen und frei schwingen kann. Genug des Verkaufsgespräches: Nichts gibt es mehr, was es nicht gibt, und bald steht Weihnachten wieder vor der Tür. Tausend tolle Geschenkideen für das Fest der Liebe!

Trisexualität

Die Bisexualität als Empfänglichkeit für die sexuellen Attraktionen des anderen und eigenen Geschlechtes feiert seit den neunziger Jahren mediale Hochkonjunktur. Kaum eine Vorabendserie lässt dieses Thema inzwischen aus, freilich ohne dass die Betroffenen in diesem ambivalenten Zustand verbleiben. Meist kehren alle zu einer festgelegten Orientierung zurück oder werden mit deren Erlangen sozusagen erwachsen. Die Fluidität, das tatsächlich Nichtentschiedene ist zu wenig verkaufbar, als dass man es so stehen lassen könnte. Der Sexualienmarkt baut indessen oberflächliche und unsachliche Bilder angeblicher Bisexualität auf, wenn er zwei Männer und eine Frau oder, natürlich häufiger, zwei Frauen für einen Mann zusammen in den Ring schickt. Mit dem eigentlichen Thema haben diese Aktionen so wenig zu tun wie die diversen historisch belegten Vorlieben gesellschaftlich meist höher gestellter frauenliebender Männer zu jugendlichen Bediensteten des eigenen Geschlechts.

Wissenschaftlich muss inzwischen kaum mehr darum gestritten werden, dass die Bisexualität, ob praktiziert oder nicht, die ureigene Basis ist, das Potenzial, auf der unsere Prägung und Orientierung gedeiht. Uneins ist man sich seit jeher mit den Auslegungen und der Akzeptanz des Umstandes als eigenständiges Phänomen. Deutlicher wäre vielleicht die Etablierung des Begriffes Trisexualität, der freilich selbst verschiedene Deutungen zulässt. Eigentlich sind doch drei Orientierungen in jedem von uns verankert, die Hetero- und → Homo- wie auch die → Autosexualität. Diese selbstbezogene Position könnte nicht nur das Vergnügen am Eigenen darstellen, sondern auch stellvertretend für die vielfachen mythischen Ursprünge der Geschlechterteilung stehen. In fast jeder Kultur gibt es vorzeitige Wesen, die beide Geschlechter natürlicherweise in sich vereinen, wie dies ja bis zu einer bestimmten embryonalen Phase bei jedem von uns der Fall war. Bei uns am bekanntesten ist wohl der Versuch des griechischen Denkers Platon, in seinem ›Symposion‹ den Ursprung des ganzen Durcheinanders zu erläutern. Er schreibt von urzeitlichen Menschenwesen zylindrischer Bauart mit jeweils vier Armen und Beinen, zwei Geschlechtsteilen und einem Januskopf. Jene heitere Gesellschaft teilte sich in drei Gruppen, die Doppelfrauen, die Doppelmänner und die Mannfrauen oder Fraumänner. Den Göttern war dies allzu unberechenbar und so teilten sie die Lebewesen in je zwei Hälften auf. Seither sind wir alle also ruhelos auf der Suche nach unserer anderen Hälfte, nach der Ganzheit unserer Lust. Heerscharen von Zwischenwesen, Zwittern, Hermaphroditen, Androgynen und Transsexuellen bevölkern die Jahrtausende unseres kulturellen Bewusstseins; zwischen ihnen als Vertreter des Ureigensten und der herrschenden gesellschaftlichen und religiösen Moral zerrieb sich eine Unzahl an der eigenen Eindeutigkeit selbst Zweifelnder. Jene gelten oft bis heute als pathologische Fälle; das Bewusstsein von unserer Natürlichkeit hat den Status der Krankheit noch lange nicht überwunden. Allein die Entscheidung, die Separation zählt in unserem Leben als Erfolg. Alles davor, der große, gehaltvolle Eintopf, wird nicht als eigenständiges Gericht gesehen. Die Bisexualität wird höchstens als Gewürz in der sexuellen Modesuppe geduldet, wenn es necklisch heißt: »Ein bisschen bi schadet nie.«

UVW

Unzucht

»Das Wort Unzucht, ein Ausdruck des Abscheus und des Missfallens«, so formulierte der Geheime Justizrat Thomsen im Jahr 1913 in einer wissenschaftlichen Schrift, »bezeichnet nach feststehendem, allgemein gültigem Sprachgebrauch die Befriedigung des Geschlechtstriebes, und zwar eine jede Art seiner Befriedigung, die eheliche insofern eingeschlossen, als sie unerachtet der ihr nicht abzusprechenden rechtlichen und sittlichen Legalität der Aberkennung einer Gerechtsame [altmodisch für: Nutzungsrecht, Betriebsbefugnis] unterliegt.« Donnerkiel! – So ist also ein jeder Mensch von Hause aus ein Kind dessen, was man Unzucht nennt? Wohlgemerkt kritisiert der Autor nicht ein »Nutzungsrecht« des Mannes gegenüber der Frau, sondern ein solches des Menschen gegenüber seinen liebsten Körperteilen. Die Gesetzesvokabel Unzucht, ein im Großen und Ganzen völlig unbestimmtes, nur bei Bedarf entsprechend zu beugendes Tatbestandsmerkmal, dient seit seiner Einführung im 19. Jahrhundert der Justiz als Brechstange für das Tor zur Moral. Unter ihr fielen seither zahllose Ereignisse, Abbildungen und Schriften einer pauschalisierten Prüderie zum Opfer.

Was ist nun die Unzucht? Beim Wort genommen alles, was nicht Zucht ist. Tolle Antwort – denn was ist Zucht? Das althochdeutsche *zuht*, entwickelt aus dem westgermanischen *tuhti* und benachbart dem altenglischen *tyht* sowie dem altfriesischen *tocht*, bezieht sich laut Kluges etymologischem Wörterbuch auf das gotische *ustiuhan*, was vollenden bedeutet. So wurde die Zucht in direkter

Linie zum zentralen Schlüsselwort eines ganzen Komplexes fragwürdiger Maximen und Hintergründe rund um Ordnung, Gehorsam und Anstand; man spricht auch vom »heiligen Band zwischen Zucht und Sitte«. Des Weiteren verbindet sich mit dem Wort alles um das meist patriarchalisch geprägte Bestreben des Menschen, die Lebewesen in so genannte Rassen zu unterteilen und zu bewerten, zu optimieren, zu unterwerfen, von Unberechenbarem zu reinigen. Hier sind wir auch schon bei anderen Un-Arten, beim Unkraut und Unwetter. Auf Kraut und Wetter verzichten zu müssen wäre ziemlich schade; die Zucht und Unzucht hingegen bedarf einer dringenden Neupositionierung im Bereich der überholten, untauglichen Worte.

Vagina dentata

Nicht erst seit Sigmund Freuds Darlegungen zu männlichen Traumbildern und Kastrationsängsten ist die Vagina dentata das Synonym für die Furcht des Mannes um sein so genanntes bestes Stück. Die Kulturgeschichte ist reich an mythologischen Abbildungen gezahnter Vaginae, deren psychologische Ausdeutungen zwischen dem generellen Hass der Geschlechter aufeinander, gestörter Mutterbeziehung, unverarbeiteter Homosexualität, Missbrauchsfolgen, Koitusangst und einigem mehr hin und her pendeln. Das geschlechtliche Gegenstück ist der → Penis captivus, das durch die sich verkrampfende Scheide eingefangene Glied. In der Kunst und Literatur des 20. Jahrhunderts ist der Begriff der penisfressenden

Vagina oder des vergleichbar gierigen Mundes sehr häufig in Werken des französischen Surrealismus zu finden, deren meist männliche Mitglieder sich nicht nur der besonderen Durchleuchtung der Psyche widmeten, sondern auch auf sehr exaltierte Weise ihre Schwierigkeiten mit dem anderen – und natürlich dem eigenen – Geschlecht feierten. So idealisierten sie die Frau in ihrer Unschuld und Mütterlichkeit wie in ihrer raubtierhaften Gefährlichkeit als unerreichbare Göttin, um ihrer gleichwohl Herr zu werden.

Salvador Dalí erzählte offen, wie er seine Gattin Gala anflehte ihm nichts Böses zu tun, wenn sie ihn bei der Hand oder anderen Gliedmaßen nahm und ihn zum Geschlechtsakt animierte. Louis Aragon und René Crevel schrieben von unersättlichen, Männer leer pumpenden Wollüstigen. André Breton und Paul Eluard züchteten jahrelang Gottesanbeterinnen und beobachteten sie beim Verzehren des Männchens nach dem Liebesakt. Die Bilder von André Masson, Hans Bellmer und vielen anderen der Gruppe zeigen Vaginae als Fleisch aufsaugende Mollusken, rasende pflanzliche Wesen, pure schlingende Öffnungen. Octavio Paz schreibt in seinem Text ›Lettre à une inconnue‹ (Brief an eine Unbekannte) 1959: »Die Mauer des Schweigens aber, die an manchen Tagen die Schritte des Denkens versperrt, die unnennbare Ebbe – die Ebbe der Leere –, die sich einstellt wie eine Gier, die nichts zufrieden stellt, und ein Urteil, das nicht wankt, das unsichtbare Loch, das sich manchmal vor mir öffnet, der große mütterliche Mund der Abwesenheit – die klaffende Vagina, die mich verschlingt und mich hinunterschluckt und mich ausstößt: Damals, damals!«

Eine besondere Auslegung bekam die Wahnvorstellung 1990 in karikierender Art durch Ralf Königs später auch verfilmten Schwulencomic ›Das Kondom des Grauens‹. Bereits der Werbetext lässt jeden Mann zusammenzucken: »Es sieht aus wie ein Kondom. Es fühlt sich an wie ein Kondom. Es lässt sich überrollen wie ein Kondom. Aber es ist kein Kondom.« Der Autor entwickelt das Latexwesen zu einem schwanzfressenden Monster, das die homo- wie heterosexuelle Männerwelt in Atem hält. So erwischt es sogar den ermittelnden Inspektor bei einem Schäferstündchen mit einem Stricher, doch der Beamte hat Glück und verliert nur sein linkes Ei.

Und was sagt die Frau im Allgemeinen zu alledem? Wahrscheinlich nur schulterzuckend: »Tja, so ist das Leben: Fressen und gefressen werden ...« Der Mann hat sie schließlich zu dem gemacht, was sie für ihn ist: *la belle et la bête* in einem, die Schöne und das Tier ...

Vaginette

Die Fantasie des Mannes ist unergründlich, vor allem wenn er auf der Suche nach Lebewesen, Orten, Zu- und Gegenständen ist, in denen er seinen Penis – vorzugsweise in erigiertem Zustand – gut aufgehoben meint. Wenn er einmal seinen grundsätzlichen Kampf mit der Angst vor zähnebleckenden Öffnungen, zubeißenden Höhlen und malmenden Schlünden überwunden hat, gibt es wenig, was vor ihm sicher ist: das Puddingteilchen, der Aktenordner, die Wollsocke, Nachbars Waldi oder der Wischmopp – unendlich fortsetzen ließe sich die Aufzählung der zu erobernden Dinge. Der Nachteil des Mannes ist dabei nur, dass er von Natur aus Spuren hinterlässt und er sich außerdem nach ebenjenem Absetzen des genetischen Fingerabdruckes der Lächerlichkeit seiner Existenz nur allzu klar wird. Sollte ihm diese Art des Fetischismus, mit lebenden oder unbeseelten Objekten fernab des Menschen zu verkehren, zur Gewohnheit werden, bedarf es also entweder spezieller wiederverwendbarer Objekte oder er konzentriert sich auf Einwegmaterialien.

All jene, die es sauber und ordentlich lieben, haben der → Ehehygiene einen in der Single-Gesellschaft riesig angewachsenen neuen Markt beschert; Hunderte Modelle von rollenden, knetenden, schlingenden Ersatzvaginae aus Materialien der Weltraumforschung, gefühlsecht, langlebig und antiseptisch beschichtet, warten in den Grabbelkörben der Erotikshops auf ihren Prinzen, dem sie alles geben wollen – nur nicht die Nachteile einer echten Frau. Kein Meckern und Reklamieren ist während des Aktes zu hören; das Stöhnen kommt aus der Stereoanlage und bis auf einen gelegentlichen Batteriewechsel steht der Lust sofort im Hier und Jetzt kein Kopfschmerz, keine Buntwäsche oder Tageszeit im Wege. Während die Frauen ihre Dildos, Godemichés und Vibratoren viel eher und selbstbewusster als Spielzeug zu sehen pflegen, ist den Männern ihre Lustgrotte, Vibrato-Muschi, Vakuum-Pumpe und Saugfaust, ihr Flutschtunnel, Rubbelschlund oder Stoßkanal aus supersoftem Schmuse-Latex stets ein Hilfsmittel im Notzustand, ein Ausweg aus der Geschlechterproblematik und ein Selbstbeweis der körperlichen Überlegenheit. Die sprachliche Palette des ganzen Themenkomplexes zeugt von der bemitleidenswerten

Situation des allein stehenden Mannes am Rande der fortschreitenden Leistungsgesellschaft.

Gegen diese galoppierende Gefühlsarmut sind die stets neugierigen Objektfetischisten oder auch nur Gelegenheitsabenteurer auf ihrer Suche nach zu durchdringenden Alltagsgegenständen doch höchst sinnlich veranlagt. Ihnen kann immerhin noch Unerwartetes widerfahren, wie einst den Hausmännern, die der Drang beim Staubsaugen überkam. Die Wuppertaler Firma Vorwerk hatte bereits seit den dreißiger Jahren den berühmt-berüchtigten »Kobold« auf dem Weltmarkt platziert, einen Einhand-Saugbläser in völlig neuer Bauart. Der Motor saß am unteren Teil des Saugrohres, etwa elf Zentimeter vom Ende des Ansaugstutzens entfernt. So manchen fleißigen Putzteufel überkam beim Durchpflügen des Flokati nun ein gewisses Gefühl; er entfernte die Saugdüse und führte den erst halb erigierten Penis in den Stutzen ein. Durch die Vibration wuchs das Organ zur gewünschten Größe an, bis schließlich der Sog das Gerät fest an den Unterleib und auch den kürzesten Penis unweigerlich in den Wirkungsbereich des kräftigen Ventilators zog … Das Phänomen trat in jenen reinlichen Jahren so zahlreich auf, dass schließlich eine Doktorarbeit über jene speziellen Verletzungen erschien und der verblüffte Hersteller seine Baupläne ändern musste. Von einer entsprechenden Vermarktung des sicheren Folgemodells sah man jedoch ab.

Vegetarier

In Zeiten der Östrogen- und Antibiotikaskandale, des Rinderwahns und der Maul- und Klauenseuche vergeht immer mehr Menschen der Appetit auf das tägliche Fleisch. Seit jenes im Speiseplan der modernen Gesellschaft üblich geworden ist und es sich seit dem Ende des 19. Jahrhunderts immer mehr Menschen zumindest im bescheidenen Rahmen ab und zu leisten konnten, gibt es auch die so genannten Vegetarier. Als Mitglieder der verschiedensten Reformbewegungen sprechen sie sich vehement gegen den Konsum tierischer Produkte aus und gehen mehr oder weniger vehement dagegen vor. Die Strengsten unter ihnen verzichten nicht nur auf Fleisch, sondern auf sämtliche andere tierischen Produkte wie Milch, Eier und vieles mehr. Es ist nahe liegend, dass diese Abstinenz auch in sexuelle Zusammenhänge gestellt wird: Als Vegetarier bezeichnet man jene, die bei aller Offenheit für Liebesspiele jeglicher Art nur eines nicht tun: den Samen des Partners zu verzehren. Rein ernährungsphysiologisch ist gegen diesen Cocktail aus Eiweiß, Wasser und einem bunten Strauß an Vitaminen wenig einzuwenden, und im Altertum und Mittelalter – in manchen Gegenden noch heute – galt das Sekret als übliches Mittel der Potenzsteigerung und wurde auch unter heterosexuellen Männern verabreicht. Die Spermatophagie, zusammengesetzt aus den griechischen Wörtern *sperma* und *phagein*, essen, hat also eine jahrtausendealte Tradition; sie gilt als die geradezu gewöhnlichste Variante im Sekretionsfetischismus, der sämtliche Körperstoffe vom Smegma, der talgartigen Absonderung im Vorhautsack und zwischen den Schamlippen, bis zum Ohrenschmalz bedenkt. Heute jedoch, in Zeiten der großen neuen Seuchen auch unter Menschen, nimmt die Zahl derer rapide zu, die sich der leiblichen Genüsse dieser Art strikt enthalten, selbst wenn keine Infektionsgefahr gegeben ist. Was dem Menschen gut tut oder schadet, das muss im fortdauernden Streit um die Wahrheit ein jeder selbst entscheiden. Wie sagte schon Shakespeares König Lear im zweiten Akt: »Sprecht nicht, was nötig ist; der schlecht'ste Bettler hat noch ein ärmstes Ding zum Überfluss. Gebt der Natur nur, was sie braucht, so sind sich Tier- und Menschenleben gleich.«

Viagra

Die meisten Marken in der unüberschaubaren internationalen Warenwelt gelangen, selbst wenn sie erfolgreich sind, nie zu echtem Ruhm. Nur ganz wenige sind unter ihnen, die dank jahre-, gar jahrzehntelanger Kommunikation und ausgefeiltester Marketingstrategien zum Kult werden, zum Mythos, zur Ikone ihrer Zeit. Und dann sind da noch die Jahrhundertprodukte, diese Wunderwaren, die die Arbeit aller Werber, Manager und Verkäufer ganz allein durch ihre Existenz leisten. Die Welt hat sie sehnlichst erwartet und stürzt sich gierig auf sie, kaum dass sie in den Regalen liegen.

Eines von ihnen erblickte am 27. März 1998 das Licht der Welt. Eigentlich war es eine Totgeburt, denn es hatte in den Testlabors bereits auf ganzer Linie versagt: Sildenafil war als Herzmedikament absolut untauglich. Doch dann bemängelten die Probanden – oder wiesen wahrscheinlich eher erstaunt darauf hin –, dass sich ein Stück weit unterhalb des Herzens eine Aufregung einstellte, die sie seit Jahren mit allen möglichen anderen Mittelchen zu erreichen versucht hatten. Und schon platzte die Bombe: Viagra war da und entwickelte vom Start weg eine außerordentliche wirtschaftliche Potenz. Allein in Deutschland griffen seither über 500 000 Männer zu der Wunderwaffe gegen ihre erektile Dysfunktion. Die Wirkungsweise ist einfach zu erklären: Viagra unterdrückt die Aktivitäten eines im sonstigen Dasein relativ unnützen Enzymsystems, dessen einzige Laune darin besteht, bei sexueller Stimulierung des Mannes dessen Erektion zu verhindern. Durch diese indirekte, korrigierende Arbeitsweise erzielt das Medikament eine völlig andere Wirkung als allerlei Potenzhilfen, deren alleiniges Ziel die Versteifung des Penis ist, ohne dass eine Stimulation im Rest des Organismus vorhanden sein muss. Zwar ist bei mangelnder sexueller Reizung auch mit Viagra nicht viel zu erreichen, aber in vielen Fällen wirkt das Mittel vor allem psychosomatisch: Indem es vielleicht nur ein einziges Mal die Manneskraft wiederherstellt, stärkt es das Selbstvertrauen derart, dass in Fällen psychisch bedingter Impotenz der Kandidat möglicherweise auch aus eigener Kraft wieder fähig wird.

Seit dem ersten Tag geht das Wundermittel in allen Varianten um die Welt. Ein französisches Restaurant servierte sogar schon einmal ein feines Stück Rind in einer Sauce aus Karamell, Feigen, Kräutern und – Viagra. Das Menü wurde allerdings inzwischen von der Karte entfernt, denn mit der Liebe, die hier im wahrsten Sinne des

Wortes durch den Magen gehen sollte, kam manches Mal auch deren schnelles Ende. Neben gelegentlichen Wahrnehmungsstörungen und Kopfschmerzen – ausnahmsweise auf Seiten des Mannes – klopfte in einigen noch nicht völlig geklärten Fällen der Sensenmann an die Schlafzimmertür, trat unaufgefordert ein und sichelte den wiedererblühten Liebhaber mitten im Vollzug von seiner Herzensdame herunter. Immerhin, einen besseren Zeitpunkt für einen schönen Abgang kann man sich kaum vorstellen!

Vibrator

Als eines sonnigen Montagmorgens im Jahr 1869 der amerikanische Arzt George Taylor ein dampfbetriebenes Massagegerät zum Patentamt transportierte, um es anzumelden, waren Helfer erforderlich, um das teure, kuriose, schwere und umständlich zu bedienende Gerät zu installieren und in Gang zu setzen. Doch Taylor war überzeugt von sich, bekam das Patent und ahnte vielleicht schon, dass er mit seiner großen, dann immer kleiner werdenden Erfindung letztendlich die Welt verändern sollte: Die Geburtsstunde des Vibrators hatte geschlagen. Speziell konzipiert war das monströse Instrument als medizinisches Praxisgerät zur Behandlung der »weiblichen Unordnung«, womit das gesamte Spektrum aller damals nur den Frauen zugeschriebenen Gefühlstumulte zwischen Zerstreutheit und Überempfindlichkeit gemeint war. Zusammengebracht wurden all jene Zustände unter dem Stichwort → Hysterie, die damals als die in den modernen Gesellschaften am weitesten verbreitete Frauenkrankheit galt.

Behandelt wurde sie bis dahin – wie bei Rachel P. Maines nachzulesen ist – von einer Vielzahl von Therapeuten und Fachärzten mittels manueller Stimulanz der Geschlechtsorgane bis zum erlösenden Orgasmus, nach welchem die Dame sich entspannt wieder ihrem gesellschaftlichen Leben zuwenden konnte. Der gute Onkel Doktor hingegen hatte sich bei gefüllten Wartezimmern nach Feierabend stets mit Sehnenscheidenentzündung und Tennisarm selber in Behandlung zu begeben. Das neue Gerät versprach also zunächst für ihn eine entscheidende Verbesserung der Lage.

Etwa 1890 brachte der britische Mediziner Joseph Mortimer ein portables, batteriebetriebenes Modell auf den Markt. Nun war kein Halten mehr: Zehn Jahre später gab es bereits Dutzende Marken elektromechanischer Vibratoren auf dem Markt, vom netzunabhängigen, fußbetriebenen und preiswerten Einfachgerät bis hin zum Rolls Royce der Vibratoren, dem 200 Dollar teuren »Chattanooga«. Taylors und Mortimers Erfindungen sorgten für eine Umwälzung auf diesem medizinischen Gebiet, wenn auch noch keine neuen Lehren bezüglich der Hysterie daraus gezogen wurden, sondern vorerst nur die Anwendung der bisherigen Therapie vereinfacht wurde. Statt einer Stunde nervtötender Handarbeit konnte der Arzt nun in zehn Minuten die Patientin rundum zufrieden stellen. Schnell fand das Gerät als leicht anzuwendender Gebrauchsgegenstand seinen Weg aus der Arxtpraxis heraus in die sich flott elektrifizierenden Haushalte hinein. Frauenmagazine warben mit dem neuen Segen und Tausende Geräte kamen per Post ins Haus.

Zugleich verbreitete sich durch die aufkommende Psychoanalyse und die Frauenbewegung die Meinung auch in die letzten Winkel der Gesellschaft hinein, dass die ominöse weibliche Überreiztheit möglicherweise doch nicht Krankheit, sondern lediglich so etwas wie unbeachtete, unterforderte, verdrängte weibliche Sexualität war. Jene begann nun auch in den prüden bürgerlichen Sphären langsam, aber sicher zum vielleicht nicht immer erwünschten, aber doch akzeptierten Umstand des Lebens zu werden; freilich für den Herrn des Hauses immer noch kein Grund, seine Gattin auf natürlichem Wege zu befriedigen. Der Vibrator wandelte sich somit rasch vom medizinischen Instrument zur häuslichen Gesundheitshilfe. Zur Tarnung bekam er allerlei andere Nutzen zugeschrieben, vom Kopfschmerz-Beseitiger bis hin zum Asthma- und Tuberkulosetherapeutikum. Zwar wussten alle Bescheid, und auch die frühen pornografischen Filme führten das Gerät begeistert vor, aber gepriesen wurde das Wunderding lediglich allgemein als Quelle des Wohlergehens: »It furnish every woman with the essence of perpetual youth.«

In der Hochzeit des praktischen, zeitlos modernen und schönen Design zur Mitte des 20. Jahrhunderts entwickelte sich mit dem Grundsatz »form follows function« die heute gebräuchlichste Version des Vibrators, die ehrlich zu ihrem eigentlichen Verwendungszweck stand: der Massagestab.

Noch bis in die siebziger Jahre hinein warb man für ihn hauptsächlich mit dem Versprechen, er erleichtere das

Abnehmen und die Ausformung bestimmter körperlicher Problemzonen. Dann aber gab es nichts mehr zu verbergen: Die → Ehehygiene schaffte den Schulterschluss mit der breiten Durchsetzung künstlicher Penisse in alle gesellschaftliche Schichten. Die Bedeutung des Gerätes als Hilfsmittel zur Masturbation ist heute so omnipräsent, dass man sich nicht denken kann, es sei einmal anders gewesen. Der Reiz der Vibration hatte einst zuerst Amerika, dann auch Europa und schließlich alle Kontinente erobert und trug entscheidend dazu bei, nach dem in erotischer Hinsicht verheerenden 19. Jahrhundert die sexuelle Autonomie der Frauen in unseren heutigen Gesellschaften zu manifestieren. Die Ärzte haben unterdessen keine Handgelenkschmerzen mehr, aber nicht minder viel zu tun.

Vögeln

Synonym für: besorgen, besteigen, bocken, bohren, bollern, bürsten, bumsen, dübeln, fideln, geigen, gurkerln, hämmern, jodeln, knallen, knattern, moppeln, nageln, nöken, perforieren, pimpern, poppen, pudern, rammeln, rebbeln, schieben, schnackseln, schrubben, schwarteln, stechen, stopfen, tackern, tunneln, tupfen, zangerln …

Wollust

»Die einzige und höchste Wollust der Liebe liegt in der Gewissheit, das Böse zu tun.« *Charles Baudelaire*

XYZ

Y

Das Ypsilon, der 20. Buchstabe des griechischen Alphabets, bereitet seit Urzeiten den Wörterbuchschreibern gehöriges Kopfzerbrechen. Wer diesen angenehmen, hübschen, wohlklingenden Buchstaben nicht schlichtweg auslassen möchte, muß sich irgendeinen Trick einfallen lassen, um seine Präsenz zu rechtfertigen. Meist funktioniert es über das Symbol, denn das Ypsilon ist eine ausgesprochen bildhafte Letter und in dem hier behandelten Themenbereich beispielsweise unverzichtbar für den Schambereich nackter Frauen im Cartoon. Kulturwissenschaftlich fundierter steht es als Glyphe, die Einheit und Spaltung überzeugend darstellend, seit alters her sinnbildlich für den Androgyn, die Mischform des Männlichen und des Weiblichen, und ist somit auch das Symbol der Sehnsucht des Menschen nach ursprünglicher Einheit und Harmonie mit dem Kosmos. Zugleich sorgt es paradoxerweise als Geschlechtshormon bei seinem Vorkommen im Sperma für den männlichen Nachkommen.

In der deutschen Sprache führt das Ypsilon ein nicht sehr buntes Leben. Allein durch die zahlreichen in unseren Sprachgebrauch eingewanderten Anglizismen und Fremdwörter anderer Sprachen belebt es unsere Phonetik und erweist sich auch dabei als ganz und gar nicht unsinnlich: Yin und Yang, Voyeur, gay, Nylon, Dolly, horny, young, Yeti, Playboy, Yoga, YMCA – was wäre die verbale Erotik ohne es? Vor allem als lustvoller Endungslaut sticht es hervor und ist nicht nur bei der *sexuality* ungleich feinfühliger als das deutsch trompetende -tät. Alles in allem also ganz schön sexy, das gute alte Ypsilon.

Zufall

»Was ist der Mensch? Ein Denkmal der Schwäche, eine Beute des Augenblicks, ein Spiel des Zufalls; der Rest ist Schleim und Galle.« *Aristoteles*

Zunge

»Alle menschlichen Organe werden irgendwann müde, nur die Zunge nicht.« *Konrad Adenauer*

Zuviel

Der Schriftsteller Italo Calvino schrieb einmal, in der Literatur sei die Sexualität eine Sprache, in der das, was man nicht sagt, wichtiger sei als das, was man sagt. Recht hat er, denn was kann das Buch erotischen Inhalts Besseres sein als ein Durchlauferhitzer für die Wirklichkeit? Außerdem ist das Lesen mit Taschenlampe unter der Bettdecke tatsächlich nicht gut für die Augen und bildet das Fünkchen Wahrheit in dem alten Kalauer der Sehtest-Schrifttafel, die da von Letter zu Letter kleiner werdend verkündet: »Too much sex makes you shortsighted«, was übersetzt so viel heißt wie: Zu viel Sex macht dich – Momentchen, ich muss mal eben die Brille suchen; zu dumm, so kurz vor Schluss …

Register

Die Verweise führen zu den Schlagworten des Buches. Das Sternchen kennzeichnet die Schlagworte selbst. Nicht aufgenommen wurden Verweise auf allgemeine Stichworte wie Sex, Erotik, Lust et cetera.

Wir danken dem Diogenes Verlag
für die Abdruckgenehmigung:
Seite 152: *Pipi*
Aus: Joachim Ringelnatz: Sämtliche Gedichte